當心！禍從口出

公然侮辱的罪與罰

袁興/著

當心禍從口出：公然侮辱的罪與罰

作者　袁興

校對　袁興

專案主編　張文權

出版主編　周健生

設計創意　羅鈺諼

經銷推廣　李莉吟、莊博亞、劉育姍、李如玉

經紀企劃　張輝潭、洪怡欣、徐錦淳、黃姿虹

營運管理　林金郎、曾千熏

發行人　張輝潭

出版發行　白象文化事業有限公司

印刷　廣羅資訊有限公司

二版　2021 年 3 月

定價 250 元

國家圖書館出版品預行編目資料

當心禍從口出：公然侮辱的罪與罰 / 袁興著
-- 二版 . -- 臺中市：白象文化事業有限公司，
2021.03

　　面：　　公分

ISBN 978-986-5559-89-2（平裝）

1. 誹謗罪 2. 妨害名譽罪 3. 論述分析

585.431　　　　　　　　　110002037

推薦序

　　在如今這個民眾權利意識高漲的年代，人與人之間的溝通確實必須十分小心，一不小心說錯話就有可能被吉（被告的意思），尤其現代人習慣使用網路交流，在網路上隨意批評或是留言如果中傷他人也是有被吉的風險，所以為了避免不必要的糾紛，謹言慎行是有必要的。

　　本書作者袁秘書在調解委員會任職十多年，擁有豐富的調解經驗，本書集作者調解經驗之大成，並整理近年來法院有關妨害名譽罪章的案例，用最淺顯易懂的文字讓讀者明白自身言行是否合法，並理解言論自由的界線。

亨達法律事務所
謝憲愷主持律師
強力推薦

推薦序

　　大成台灣律師事務所李昊沅律師強力推薦工商社會發展下,人際間的互動往來遠比農業社會更加複雜與疏離,也因此衍生紛爭,甚至爆發口角及肢體衝突,甚為常見。

　　袁祕書長年於法院協調民眾因妨害名譽、公然侮辱等紛爭,已有十數年之經驗。近年擔任新北市林口區公所調解委員會祕書,更是發揮所長。袁祕書以其專業及經驗,透過淺顯易懂之說理撰寫本書,讓讀者更能瞭解到言行逾越法律規範之風險。

作者與司法院林秘書長輝煌合影

作者於 102 年榮獲臺中市政府廉政楷模

作者於 109 年榮獲新北市政府績優民政人員

致謝詞

　　能夠完成此著作，最要感謝的是筆者論文的指導老師——鄭善印教授，感謝老師給予作者許多建議並容忍作者利用工作閒餘時間撰寫論文。由於筆者從事有關民眾間之紛爭調解、法律諮詢服務、國家賠償、訴願、採購爭議訴訟、行政訴訟及土地行政等相關法制工作，因工作繁忙幾乎沒時間與老師討論寫作題目與方向，老師也能夠體諒仍不吝給予筆者眾多寫作意見，使筆者在撰寫論文中萌生出書之念，在老師的鼓勵之下順利完成此著作。

目錄

致謝詞···3

前言···7

第一章　什麼是公然侮辱呢？···9
　　　　一、到底什麼是「公然」呢？···9
　　　　二、什麼又叫做「不特定人」？什麼又叫做「多數人」呢？·······10
　　　　三、什麼叫做「侮辱」呢？···11
　　　　四、到底什麼是名譽呢？···11

第二章　公然侮辱的方式···19
　　　　一、以言語開罵···19
　　　　二、以肢體動作侮辱···22
　　　　三、以影射方式侮辱···23
　　　　四、在網路社群上以數字表示侮辱······································24
　　　　五、在網路社群開罵···25

第三章　「罵人」法院會怎麼判？··29
　　　　一、法院刑事判決怎麼判？···29
　　　　二、法院民事賠償怎麼判？···43

第四章　被罵難道就不能回嘴嗎？··53

第五章　立法院及總統府國事會議有關公然侮辱除罪化之議案·········63
　　　　一、立法院有關公然侮辱除罪化之議案·······························63
　　　　二、總統府司法改革國是會議委員會第五組
　　　　　　有關公然侮辱除罪化之議案 2017.03.30 第三次會議決議·······68

結語 71

參考文獻 73

壹、參考書籍 73

貳、參考文章 73

叁、司法院解釋 73

肆、法院判決 74

伍、立法院議案文書 77

陸、總統府司法改革國是會議成果司法改革國是會議

　　成果司法改革國是會議成果報告。 77

附錄（一）法律文宣 79

壹、如何辦理房屋租賃契約公證 79

貳、如何辦理債權債務契約公證 83

叁、如何辦理拋棄繼承 87

肆、如何聲請民事強制執行 91

伍、如何辦理本票裁定 94

陸、如何聲請支付命令 96

柒、如何辦理汽（機）車繼承切結書認證 167

捌、如何辦理法人登記 168

玖、如何辦理公司清算登記 197

拾、如何辦理單身宣示書認證 205

拾壹、如何聲請公證結婚預約登記 208

拾貳、如何辦理收養子女之認可 213

拾叁、如何辦理刑事被告具保責付 237

拾肆、如何聲請辦理夫妻財產制契約登記 239

拾伍、如何聲請公示催告⋯⋯⋯⋯⋯⋯⋯⋯⋯⋯⋯⋯⋯⋯⋯⋯⋯⋯⋯⋯247

拾陸、如何聲請除權判決⋯⋯⋯⋯⋯⋯⋯⋯⋯⋯⋯⋯⋯⋯⋯⋯⋯⋯⋯⋯251

拾柒、如何聲請假扣押、假處分、假執行⋯⋯⋯⋯⋯⋯⋯⋯⋯⋯⋯⋯254

拾捌、如何對拍賣物投標⋯⋯⋯⋯⋯⋯⋯⋯⋯⋯⋯⋯⋯⋯⋯⋯⋯⋯⋯⋯258

拾玖、如何查封拍賣⋯⋯⋯⋯⋯⋯⋯⋯⋯⋯⋯⋯⋯⋯⋯⋯⋯⋯⋯⋯⋯⋯⋯

貳拾、如何辦理提存及領取、取回提存物⋯⋯⋯⋯⋯⋯⋯⋯⋯⋯⋯⋯⋯

貳拾壹、如何辦理法院民事執行處案款撥匯⋯⋯⋯⋯⋯⋯⋯⋯⋯⋯⋯⋯

附錄（二）書狀例稿

表目錄

表 1-1　公然侮辱解釋彙整表⋯⋯⋯⋯⋯⋯⋯⋯⋯⋯⋯⋯⋯⋯⋯⋯⋯⋯⋯16

表 1-2　公然侮辱之名譽概念表⋯⋯⋯⋯⋯⋯⋯⋯⋯⋯⋯⋯⋯⋯⋯⋯⋯18

表 3-1　各地方法院公然侮辱罪科刑審酌被告行為時之量刑參考因素一覽表⋯⋯⋯30

表 3-2　各地方法院公然侮辱刑事判決統計表⋯⋯⋯⋯⋯⋯⋯⋯⋯⋯⋯31

表 3-3　各地方法院民事公然侮辱判決賠償金額一覽表⋯⋯⋯⋯⋯⋯⋯44

表 5-1　中華民國刑法刪除部分條文草案對照表⋯⋯⋯⋯⋯⋯⋯⋯⋯⋯66

表 5-2　總統府司法改革國是會議成果⋯⋯⋯⋯⋯⋯⋯⋯⋯⋯⋯⋯⋯⋯68

前言

　　在您的生活中，一定有遇到過這種經驗。當與人發生紛爭時，在爭吵中，對方會口出惡言以國罵三字經來幹譙辱罵，或者是您以同樣的方式來辱罵對方，但是您知道嗎？「罵人」是犯罪的行為嗎？「罵人」是會受到我國刑法 309 條的懲罰，而且被罵者還可以依民法 195 條名譽遭到毀損向您索賠相當的慰撫金喔，罵人雖然是個人道德上修養的問題，沒有辦法我國刑法就是要懲罰個人道德修養上的問題，所以囉！您就不得不當心，因為逞一時口舌之快，會有刑事犯罪前科的問題與民事賠償的問題囉！

　　當您下次再遇到紛爭時，請您在緊要關頭時千萬冷靜應對，請您不要逞一時口舌之快，任意罵人，以免「禍從口出」受到刑罰與民事賠償的司法制裁，讓您荷包大失血，切記遇紛爭，守住您的口就能守住您的荷包。

第一章　什麼是公然侮辱呢？

　　刑法第 309 條第 1 項明文規定，公然侮辱人者處拘役或三百元以下罰金。到底什麼是公然呢？什麼又叫做侮辱呢？罵人到底算不算是侮辱人呢？

一、到底什麼是「公然」呢？

　　如果在私 Line 上罵朋友 87 算不算是公然呢？

（一）所謂「公然」，祇須侮辱行為足使不特定人或多數人得以共見共聞，即成立[1]。

（二）刑法分則中「公然」二字之意義，祇以不特定人或多數人得以共見共聞之狀況為已足，院字第 1922 號關於該部分之解釋，應予變更[2]。

　　如果在私 Line 上罵朋友 87 算不算是公然呢？當然不算囉！但是如果在 Line 群組裡面開罵 87 那就算「公然」囉！

二、什麼又叫做「不特定人」？什麼又叫做「多數人」呢？

（一）所謂「特定人」指二人以上，而所謂「不特定之人」乃指隨時可能增加之情形參照釋字第 145 號大法官陳世榮不同意見書。

（二）所謂「多數人」，係包括「特定之多數人」在內，至其人數應視立法意旨及實際情形已否達於公然之程度而定。司法院院字第 2033 號解釋，既謂「刑法分則中公然二字之意義，祇以不特定人或多數人得以共見共聞之狀況為已足」，則自不以實際上果已共見共聞為必要，但必在事實上有與不特定人或多數人得以共見或共聞之狀況方足認為達於公然之程度。所謂「多數人」係包括特定之多數人在內，此觀於該號解釋及當時聲請解釋之原呈甚明。至「特定多數人」之計算，以各罪成立之要件不同，罪質亦異，自應視其立法意旨

1　司法院院字第 2033 號解釋。
2　司法院院字第 2032 號解釋。

及實際情形已否達於公然之程度而定。司法院上開解釋，應予補充釋明 [3]。

（三）公然侮辱的對象，依法必須是「特定人」或「可得特定之人」[4]。

三、什麼叫做「侮辱」呢？

（一）「侮辱」乃對他人為輕蔑表示之行為，易言之，乃對他人為有害於感情名譽
　　　之輕蔑表示，足使他人在精神上、心理上有感受到難堪或不快之虞者，亦即
　　　侮辱行為本身須具有侵害他人感情名譽之一般危險，始足當之 [5]。

（二）「侮辱」乃未指有具體事實的評論隨意謾罵，例如：發生車禍開口大罵
　　　06578 等等均屬「侮辱」的範圍。參照司法院院字第 2178 號解釋。

四、到底什麼是名譽呢？

　　名譽或榮譽（英語：Honour）指的是一個人在社會上所獲得的評價，直接關係
到一個人的社會地位、信譽、信用，在傳統社會上，名譽可以用來評斷一個人的性
格特質是否能夠反映誠實、尊重、正直、公正的價值觀 [6]。

（一）國內學者見解

　　在大法官 509 號解釋前，實務上對於公然侮辱之行為，有為數不少的司法院解
釋與最高法院裁判；在大法官 509 號解釋之後，實務皆以此為基準，來認定行為人
是否構成犯罪。一般而言學界對公然侮辱之名譽概念，分為「外在名譽」、「感情
名譽」、「內在名譽」三種，分別論述如下：

1. 廖正豪教授認為：

　　名譽之觀念又可分為「純粹的（真實的）名譽」與評價的名譽二者，前者係超
乎感情因素，摒除主觀色彩之名譽，亦即存在於客觀中之真實名譽。因其存在於人

3　釋字第 145 號解釋。
4　司法院在 37 年院解字第 3806 號解釋。
5　臺灣台北地方法院刑事判決 95 易字 704 號判決。
6　名譽 - 維基百科，自由百科全書 :https://zh.wikipedia.org/zh-tw/
　　（最後瀏覽日期：05/04/2019）

之內部，超然獨立，不受外界毀譽之影響，故無受妨害之可能，無法律上意義，故非妨害名譽罪之保護客體例如：花蓮地方法院 106 年度易字第 443 號判決被告陳稱「不要臉」等語並未存有歧視性別差別對待，而屬雙方爭吵時之情緒性用語；縱使被告所為已傷及告訴人主觀上之情感，惟客觀上對於告訴人之人格評價並無影響時，或可為民事侵權行為損害賠償之主張，但不得遽以刑法公然侮辱罪加以論處。後者係對於名譽加以主觀或客觀評價，故稱為評價的名譽。通說所認有三種不同之名譽形態，「國家評價之名譽」、「社會評價之名譽」、「主觀評價之名譽」。國家評價之名譽，即國家對於個人之評價，亦即因政治組織之立法或行政行為而承認或表彰之名譽是也。社會評價之名譽，為社會對於個人之評價，即因社會評價或價值判斷者是。通常所謂名聲、人望、身價、公評此之謂也。此種名譽為今日名譽形態中最為重要者，刑法學上之名譽係以此種名譽為主。主觀評價之名譽有別於國家評價之名譽或社會評價之名譽之純客觀名譽，此種名義係以人之主觀對於自己評價之意識之客觀上價值 [7]。

2. 甘添貴教授認為：

名譽之概念又可分為「事實名譽」、「規範名譽」、「主觀名譽」。

（1）事實名譽又稱為社會名譽或外在名譽，乃係社會一般人對一個人的人格價值所作之評價，至其真實之人格價值如何，則非所問。

（2）規範名譽，乃係一個人之人格價值應為社會一般人正當認識與尊重之地位或狀態。並非現實存在之名譽，而係應當存在之名譽，亦即對於自己人格之社會評價，應當受社會一般人所尊重之地位。

（3）主觀名譽，又稱為感情名譽，乃係一個人對於他人就其人格價值所為評價之主觀感受或反應。此種名譽，因純屬個人主觀之感受或反應，可否作為法益加以保護，學界向有爭議。持肯定說見解認為侮辱罪與誹謗罪保護法益有別，侮辱罪，以個人主觀名譽為其保護法益；誹謗罪，則以個人之事實名譽為其保護法益。惟持否定見解者則認為無論侮辱罪或誹謗罪，均以個人之事實名譽為其保護法益。

甘添貴教授認為，以空泛之言詞辱罵他人「瘋子」或「智障」等，並不會影響社會一般人對該他人人格之社會評價，且亦不足以影響其人人格上價值應為社會一

7　廖正豪（08/20/1976），刑事法雜誌論著妨害名譽罪之研究（上），財團法人刑事法雜誌社基金會出版：4 期，頁 13-15。

般人正當認識與尊重之地位或狀態，至多僅使該他人精神上或心理上感受之難堪或不快，所影響者僅係該他人之主觀感受或反應而已。因此，侮辱罪之保護法益，似以主觀名譽較符合實情[8]。

3. 曾淑瑜教授認為：

　　刑法第二十七章妨害名譽罪，係保障在社會上生活之人的人格尊嚴受到尊重，保護之法益為「名譽」，由於其關係到人格價值，故一般均將名譽區分為「內部名譽」、「外部名譽」及「主觀名譽」三種。所謂「內部名譽」，與評價無關，乃是客觀上人格內在之價值，即人格之價值；所謂「外部名譽」，乃是外界賦與該人者人格之社會評價，意指社會對該人人格之社會評價，又稱社會名譽；至於「主觀名譽」，又稱為名譽感情，是自己對自己人格價值之意識，隱含名譽感情之內涵。此三種名譽當中，內部名譽為內在人格之價值，非為現實之名譽，尚無法受到他人之侵害，刑法無保護之必要[9]。由上述可知，曾淑瑜教授認為僅「外部名譽」及「主觀名譽」為刑法「名譽」保護之法益。

（二）法院實務見解

　　所謂侮辱乃對他人為輕蔑表示之行為。易言之，乃對他人為有害於感情名譽之輕蔑表示，足使他人在精神上、心理上有感受到難堪或不快之虞者，亦即侮辱行為本身須具有侵害他人感情名譽之一般危險，始足當之。次按，所謂公然，乃不特定人或多數人直接以共見共聞之狀態，至於現場實際上有多少人見聞，均非所問[10]。由此可證法院在判決時採感情名譽說見解。

8　甘添貴（2013）修訂三版，刑法各論（上），頁 159-160，三民書局出版。
9　曾淑瑜（01/2007），圖解知識六法刑法分則編，頁 555，新學林出版。
10　臺灣台北地方法院刑事判決 95 易字 704 號判決。

表 1-1　公然侮辱解釋彙整表

名詞	解釋	備考
公然	足使不特定人或多數人得以共見共聞	參照司法院院字第 2033 號解釋 參照司法院院字第 2032 號解釋
侮辱	以言語或舉動相侵謾罵而言	刑法第 309 條侮辱罪的立法理由
公然侮辱罪	1. 侮辱行為足使不特定人或多數人得以共見共聞，即行成立。 2. 不以侮辱時被害人在場聞見為要件。 3. 倘行為人僅漫罵，並未指有具體事實，仍屬公然侮辱。	參照司法院院字第 2178 號解釋
多數人	包含特定之多數人在內	參照釋字第 145 號解釋
公然侮辱的對象	1. 特定人 2. 可得特定之人	司法院院解字第 3806 號解釋參照
特定人	指特定之一人或數人	參照釋字第 145 號大法官陳世榮不同意見書
不特定之人指隨時可能增加 w 之情形		參照釋字第 145 號大法官陳世榮不同意見書

資料來源：作者論文公然侮辱刑事與民事判決實證之研究。

　　刑法上之「公然侮辱罪」，祇須侮辱行為足使不特定人或多數人得以共見共聞，即成立參照司法院院字第 2033 號解釋。不以侮辱時被害人在場聞見為要件，又某甲對多數人罵乙女為娼，如係意圖散布於眾而指摘或傳述其為娼之具體事實，自應成立刑法第 310 條第 1 項之誹謗罪，倘僅謾罵為娼，並未指有具體事實，仍屬公然侮辱，應依同法第 309 條第 1 項論科。[11]

11　司法院院字第 2178 號解釋。

表 1-2　公然侮辱之名譽概念表

學說見解	
廖正豪教授	採「社會評價之名譽」又稱「外在名譽」為刑法「名譽」保護之法益。
甘添貴教授	採「主觀名譽」又稱「感情名譽」為刑法「名譽」保護之法益。
曾淑瑜教授	採「外部名譽」及「主觀名譽」為刑法「名譽」保護之法益。
實務見解	
採「主觀名譽」又稱「感情名譽」為刑法「名譽」保護之法益。	
本文意見	
採「主觀名譽」又稱「感情名譽」為刑法「名譽」保護之法益。	

資料來源：筆者論文公然侮辱刑事與民事判決實證之研究。

那罵人到底算不算公然侮辱呢？若以不雅的言語在公開場所飆罵當然就會成立公然侮辱罪。

第二章 公然侮辱的方式

　　以法院判決作為分類，可分為以下幾種方式：以言語開罵、以肢體動作侮辱、以影射方式侮辱、在網路社群上以數字表示侮辱、在網路社群中以文字開罵……等等。

一、以言語開罵

案例一：

　　被告以「看你的 XX 臉，我就很賭爛」一語辱罵原告，對原告之名譽造成極大損害。臺北簡易庭民事庭判被告賠新臺幣 12,000 元，刑事庭判決被告犯公然侮辱罪判處罰金 5,000 元。[12]

案例二：

　　被告辱罵原告「垃圾！」等語數次，足以貶損原告之人格評價與社會地位，致原告之名譽受有損害。臺北簡易庭民事庭判被告賠新臺幣 6,000 元，刑事庭判決被告犯公然侮辱罪，處罰金 3,000 元，如易服勞役，以 1,000 元折算 1 日。[13]

案例三：

　　被告基於公然侮辱之犯意，在特定多數人可共見聞之公車內，以行動電話撥打電話給客運公司客服人員，其談話內容略為「他有那個控制慾」、「不要在那發瘋」、「建議把司機送到精神科檢查」、「不要像一個白痴一樣」、「他在路上被撞死怎麼辦」、「你們只是附合那個獨裁者，他就是獨裁者」、「這個司機發狂」、「他自己發狂」、「他什麼東西，他今天發瘋了」等語，因聲量過大，且內容有辱罵原告，

12　臺灣臺北地方法院臺北簡易庭 107 年度北小字第 2561 號判決、107 年度簡字第 759 號刑事判決。

13　臺灣臺北地方法院臺北簡易庭 107 年度北小字第 2677 號、107 年度簡字第 721 號刑事判決。

足以貶損原告之人格尊嚴及社評價。民事庭判被告賠新台幣 10,000 元，刑事庭判決被告涉犯刑法第 309 條第 1 項之公然侮辱罪，拘役 50 日。[14]

案例四：

　　被告以「卑鄙、無恥、骯髒、齷齪、下流」侮辱原告且公然侮辱之現場為本院法庭，法官、檢察官、書記官及律師等當時亦均在場，被告竟仍無所顧忌羞辱原告，致原告之人格、名譽造成相當之貶抑，民事庭判被告賠新台幣 30,000 元，刑事庭判決被告犯公然侮辱罪，罰金新臺幣 3,000 元。[15]

案例五：

　　被告竟在超商內，以「X 你娘」、「你三小」等語公然辱罵原告。民事庭判被告賠新台幣 30,000 元，刑事庭判決被告犯公然侮辱罪罰金 8,000 元。[16]

案例六：

　　被告與原告均係社區之住戶及管理委員會主任委員，被告於民國 105 年 12 月 25 日 17 時許，在社區 1 樓大廳，因細故與原告發生口角，被告竟基於公然侮辱之犯意，公然辱罵原告「哭天」、「哭爸」（台語）等語，足以貶損原告之人格及名譽。刑事庭判決被告犯公然侮辱罪，處罰金新臺幣 5,000 元，如易服勞役，以新臺幣 1,000 元折算壹日。[17]

14　臺灣臺中地方法院臺中簡易庭 107 年度中小字第 2416 號判決、臺灣臺中地方法院檢察署檢察官 106 年度偵緝字第 1971 號、臺灣臺中地方法院臺中簡易庭 106 年度易第 141 號刑事判決。

15　臺灣臺中地方法院臺中簡易庭 106 年度中簡字第 1856 號判決、106 年度中簡字第 923 號刑事簡易判決。

16　臺灣高雄地方法院高雄簡易庭 107 年度雄簡字第 1911 號判決、107 年度簡字第 2482 號刑事判決。

17　臺灣新北地方法院 106 年度簡字第 8455 號判決。

二、以肢體動作侮辱

案例一：

　　被告基於公然侮辱之犯意，對原告比中指，足以損害原告之名譽等情。民事庭判被告賠新臺幣 3,500 元，刑事庭判決被告犯公然侮辱罪處罰金 5,000 元，如易服勞役，以 1,000 元折算 1 日。[18]

案例二：

　　被告曾任社區擔任保全工作，與原告曾因代收包裹發生糾紛。被告於民國 106 年 5 月 14 日上午 10 時 9 分 53 秒許，見原告駕駛自小客車經過，竟基於妨害名譽之犯意，在該公共場所，以左手向原告伸出中指之足以貶低他人人格之手勢公然侮辱原告。刑事庭判決被告犯公然侮辱罪處拘役 8 日，如易科罰金以新臺幣 1,000 元折算 1 日。緩刑 2 年，緩刑期間付保護管束，並應向檢察官指定之政府機關、政府機構、行政法人、社區或其他符合公益目的之機構或團體，提供 4 小時之義務勞務。[19]

案例三：

　　被告與告訴人發生口角，被告情緒管控不佳，致有不雅之言詞與手勢，造成告訴人不快外，刑事庭判決被告犯公然侮辱罪，處拘役 10 日，如易科罰金以新臺幣 1,000 元折算 1 日。[20]

三、以影射方式侮辱

案例：

　　被告因不滿原告因室內油漆工程之報價過高，亦不滿遭原告於社群網站 Facebook 臉書中辱罵，竟基於妨害名譽之犯意，於民國 106 年 8 月 10 日某時許，在住處內，利用智慧型行動電話連接網際網路，以暱稱「XXX」登入臉書，並在不

18　臺灣臺北地方法院臺北簡易庭 107 年度北小字第 1426 號判決、106 年度簡字第 3115 號判決。

19　臺灣基隆地方法院 107 年度基簡字第 167 號判決。

20　臺灣新北地方法院 106 年度簡字第 8425 號判決。

特定人均得共見共聞、隱私設定為公開之貼文內，撰寫「一對胖胖的夫妻穿藍白拖鞋在工地大便蹲吃便當。請問，不是蟾蜍吃屎是什麼？」等語，並在另一篇開頭為「穿藍白拖鞋來現場估價？」之貼文張貼原告之臉書個人資訊首頁截圖，以此方式影射、辱罵原告，足生貶損原告之名譽。刑事庭判決被告犯公然侮辱罪，處拘役 30 日，如易科罰金以新臺幣 1,000 元折算 1 日 [21]。

四、在網路社群上以數字表示侮辱

案例：

　　被告因向網路直播賣家原告詢問購買商品相關問題未獲答覆而心生不滿，明知原告在 FACEBOOK 臉書社群網站上，所開設之「XXX」網路直播頻道係公開，可供不特定多數人瀏覽，竟基於公然侮辱之犯意，於民國 106 年 08 月 18 日晚上 08 時許，在其居所，透過電腦設備連結網際網路後，以其帳號名稱「X」之名義登入 FACEBOOK 臉書社群網站，並公開直播頻道之對話欄發布「老闆你可以關播了，講話那麼「87」」等文字，以此方式公然謾罵原告，足以貶損原告之社會評價。刑事庭判決被告犯公然侮辱罪，處拘役 10 日，如易科罰金，以新臺幣 1,000 元折算壹日 [22]。

五、在網路社群開罵

案例一：

　　被告基於公然侮辱之犯意，接續以個人公開臉書網頁及 LINE 動態頁面上，張貼「臭婊子」之穢語辱罵原告。民事判被告賠新臺幣 30,000 元，刑事判決被告犯公然侮辱罪處拘役 20 日，如易科罰金，以新臺幣 1,000 元折算 1 日 [23]。

---

[21]　臺灣新北地方法院 107 年度易字第 321 號判決。

[22]　臺灣新竹地方法院 107 年度竹簡字第 313 號判決。

[23]　臺北簡易庭 107 年度北簡字第 8250 號判決、107 簡字第 488 號刑事判決、107 年度簡上字第 488 號刑事判決。

案例二：

　　被告在多數人可共見共聞之 XXX 臉書上，留言辱罵原告，稱：「睡幾個男人關牠屁事，牠要是欠男人，可以到台中公園站，只怕嚇壞老人家」，民事庭判被告賠新臺幣 20,000 元，刑事判決被告犯公然侮辱罪處拘役 10 日 [24]。

案例三：

　　被告因與原告有嫌隙，遂基於公然侮辱之犯意，於民國 105 年 11 月 12 日上午 5 時許，在網咖以電腦設備連接網際網路並登入其使用之臉書帳號，在原告於其臉書個人網頁發表之文章下之供不特定人得以共見共聞之留言區，以留言方式張貼「他媽的醜男」、「鱉三、X 你祖母的老 XX、嘴巴臭」等文字辱罵原告，足以貶損原告之人格尊嚴及社會評價。刑事判決被告犯公然侮辱罪，處罰金新臺幣 4,000 元，如易服勞役，以新臺幣 1,000 元折算 1 日 [25]。

案例四：

　　被告與原告因討論線上遊戲產生嫌隙，被告於民國 106 年 1 月 11 日 7 時 9 分許，在不詳處所以手機上網連線上 FACEBOOK 網站上大眾均可觀覽之「G、A」傳說對決玩家討論區，以「X」之名義張貼原告之照片並以「醜男」、「醜臉」、「低能醜男」、「長的醜智商低要怪那人爸媽畢竟遺傳低能又醜的家庭我給予同情」、「思考後我決定不給那些醜智障同情了畢竟天生賤」等語辱罵原告，使原告於社會上之評價遭到貶損。刑事判決被告犯公然侮辱罪，處罰金新臺幣 8,000 元，如易服勞役，以新臺幣 1,000 元折算 1 日 [26]。

案例五：

　　被告因與原告間有勞資糾紛而心生不滿，竟基於公然侮辱之犯意，於民國 106 年 11 月 16 日 17 時 47 分許，在 LINE 群組（成員共 45 人）內，謾罵原告「神經病」，足以貶損原告之名譽。刑事庭判決被告犯公然侮辱罪，處罰金新臺幣 3,000 元，如易服勞役，以新臺幣 1,000 元折算 1 日 [27]。

---

[24] 臺中簡易庭 106 年度中小字第 1807 號判決、105 年度中簡字第 788 號刑事判決。

[25] 臺北地方法院 106 年度簡字第 3279 號判決。

[26] 臺灣新北地方法院 106 年度簡字第 3925 號判決。

[27] 臺灣苗栗地方法院 107 年度苗原簡字第 16 號判決。

第三章 「罵人」法院會怎麼判？

　　到底罵人法院除了依據刑法第 309 條公然侮辱罪來判決外，到底是依據什麼來判決易科罰金或拘役的呢？

一、法院刑事判決怎麼判？

（一）不受理判決：

　　法院在開庭審理公然侮辱案件期間，以被告犯罪後有與被害人達成和解，且得到被害人之原諒即撤回告訴來作不受理判決之依據。換句話說：也就是被害人與被告達成和解，被害人向法院撤回告訴，不告被告了，既然被害人都不告被告了，法院當然尊重被害人的決定，就不再受理該案囉。

（二）易科罰金：

　　被告犯罪後有與被害人達成和解，但未得到被害人之原諒即未撤回告訴，法院通常均准予被告易科罰金之處分，代執行刑（所謂易科罰金，也就是繳錢給國庫，不用進入監獄坐牢囉）。

（三）拘役：

　　以被告犯罪有無前案紀錄即前科紀錄、知識程度即學歷、被告犯罪後之態度（有無意願與被害人達成和解）、犯罪後致被害人所生危害或損害較大（被害人名譽掃地，因此而喪失工作……等等）。法院通常均會判決被告拘役處分，「拘役」說的白話一點，也就是去監獄裡「關」啦。

表 3- 1　各地方法院公然侮辱罪科刑審酌被告行為時之量刑參考因素一覽表

量刑參考因素	科刑
被告犯罪後有與被害人達成和解，且得到被害人之原諒（撤回對被告的告訴）	不受理判決
1. 被告犯罪後有與被害人達成和解，但未得到被害人之原諒（被害人不對被告撤回告訴）。 2. 審理法院以被告犯罪之動機、犯罪時所受之刺激、生活、工作、家庭、經濟狀況、被告與被害人間之關係及違反義務之程度，來做判決之依據。	易科罰金
以被告犯罪有無前案紀錄、知識程度、被告犯罪後之態度（有無意願與被害人達成和解）、犯罪後致被害人所生危害或損害較大。	拘役

資料來源：筆者論文公然侮辱刑事與民事判決實證之研究。

表 3- 2 各地方法院公然侮辱刑事判決統計表

編號	各地方法院	公然侮辱內容	刑事判決	
			罰金（元）	拘役（日數）
1	台北地方法院	以網路社群方式表示怪他媽沒給他奶吸	3000	
		以網路社群方式表示餓死鬼投胎	3000	
		you fucking、you fuckarrogant		20
		你問你媽要不要給狗 X	6000	
		惡醫生、爛醫生 2 次		35
		死仆街 3 次	3000	
		以網路社群方式表示醜女 3 次		15
		畜生多次		10
		垃圾 2 次		10
		小偷、三八		30
		王八蛋		10
		以肢體動作方式吐口水、辱罵白癡、神經病		20
		流氓多次		15
		以網路社群方式表示醜男、鱉三、臭嘴巴	4000	
		不男不女		30
		爛女人、瘋女人		40
		八婆		50
		不要臉、下賤		20
		你怎麼長得這個樣子、妳爸媽怎麼教育你的、這麼老了那麼不自重		30
		渾蛋、渾蛋到底	2000	
		垃圾鮑魚		40

編號	各地方法院	公然侮辱內容	刑事判決	
			罰金（元）	拘役（日數）
2	士林地方法院	「三小」	2000	
		以網路社群方式表示「龜蛋」		30
		以網路社群方式表示「比狗還不如」		30
		「豬頭」、「垃圾人」、「爛腳」		15
		以網路社群方式表示「精神異常」、「訟棍」	8000	
		「害群之馬」3 次		40
		「變態」	5000	
		「白癡」	6000	
		「臭俗仔」	1000	
		「賤人」	4000	
		「俗辣」		10
		以網路社群方式表示「78 草」、「噁心巴拉」	3000	
		以網路社群方式表示「抄 78」、「不要臉」	5000	
		以社群網站影射方式表示「胖胖的夫妻在工地大便蹲吃便當」、「蟾蜍吃屎」		10
		「他媽的」	3000	
		以社群網站方式表示「你腦袋裝屎」	3000	
		「你不會好死」	5000	
		「做三小鄰長」		10
		以社群網站方式表示「醜男」、「醜臉」、「低能醜男」	8000	
		「臭卒仔」	7000	
		「臭卒仔」	6000	
		以社群網站方式表示「內監」、「大白」、「低能」	7000	
		「靠夭」、「靠北」	5000	
		以肢體動作方式「比中指」、辱罵「消查某」		10

編號	各地方法院	公然侮辱內容	刑事判決	
			罰金（元）	拘役（日數）
4	宜蘭地方法院	以肢體動作方式「比中指」	7000	
		「三小」、「垃圾」	3000	
		「不要臉」2次	4000	
		以社群網站方式表示「王八烏龜蛋」、「垃圾」		20
		「龜兒子」	3000	
		以社群網站方式表示「你他媽的」、「白癡」、「頭腦裝屎」		10
		「瘋女人」、「敗類」	3000	
		以肢體動作方式「比中指」		8
		「沒水準」、「訟棍」	2000	
		「畜生」、「白目」	5000	
		「白目」	2000	
		「不要臉」	5000	
		「哭爸」、「精神病」	2000	
		「神經病」	5000	
		「垃圾」	2000	
		「狗雜碎」	3000	
		以社群網站方式表示「豬」	8000	
		「俗仔」、「沒出息」、「沒水準」	13000	
		「小三」、「賣春的」	5000	
		以社群網站方式表示「腦殘」、「狗一條」、「畜生」、「垃圾」、「敗類」、「死喜憨兒」		40
		以社群網站方式表示「媽寶」		55
		「爛人」、「土匪」、「流氓」	8000	
		「你很屌」、「神經病」、「你瞎了眼」	5000	
		「狗在吠」	5000	
		以社群網站、數字方式表示「87」		10
		「靠北」		20
		「你是什麼東西」	5000	
		「你是骯髒鬼」	3000	
		「王八蛋」、「你是什麼東西」		20

編號	各地方法院	公然侮辱內容	刑事判決	
			罰金（元）	拘役（日數）
8	苗栗地方法院	「空會長」	5000	
		以社群網站方式表示「腦殘」	5000	
		以社群網站方式表示「死小孩」、「王八蛋」、「豬哥」、「渣男」	8000	
		以社群網站方式表示「神經病」	3000	
		「垃圾鬼」、「不要臉」、「不得好死」	5000	
		以社群網站方式表示「包死醫院」	5000	
		「你不是啞巴嘛」、「白癡」、「白目」、「你再白目一點」	5000	
		「神經病」、「不要臉」、「骯髒鬼」、「沒見沒笑」	3000	
		以肢體動作方式「比中指」	3000	
		以社群網站方式表示「一個躁鬱症、妄想症的玩家」		5
9	台中地方法院	「你家死人」	10000	
		「你是某生」	5000	
		「犯賤」、「下面養」、「花癡」		40
		「蕭查某」、「爛人」	6000	
		以社群網站方式表示、「垃圾」、「秋三小」	5000	
		「豬頭」、「王八蛋」		40
		以社群網站方式表示「畜生」、「北七」	4000	
		以社群網站方式表示「腦帶不清楚」、「被人玩」	2000	
		「賤人」		20
		「俗仔」、「臭俗仔」	3000	
		「蕭查某」	3000	
		「瘋女人」	8000	
		「你就是賣妻作大舅」	3000	
		以社群網站方式表示「智障」		10
		「花癡」	3000	
		「討客兄」	3000	

編號	各地方法院	公然侮辱內容	刑事判決	
			罰金（元）	拘役（日數）
11	南投地方法院	以社群網站方式表示「下面養」	3000	
		「幹」、「俗仔」、「臭俗仔」	5000	
		以社群網站方式表示「你這麼想要被人養」	6000	
		「瘋婆」	5000	
		「你這種女人三代沒有烘爐，四代沒茶壺，娶妳會倒楣，沒孩子沒兒子」	8000	
		「幹」、以肢體動作方式「比中指」	2000	
		以肢體動作方式「比中指」		10
		以社群網站方式表示「騙子」		20
12	雲林地方法院	「看到鬼」、「和淡啦」、「吐淡啦」	1500	
		「垃圾鬼」		15
		以社群網站方式表示「狗母」「死人妖」		20
		「魔鬼來了快逃」3次、「沒擱吠」3次	4000	
		「不要臉」、「爛鳥種」、「下衰人」		15
		「垃圾」		15
		「瘋女人」		20
12	嘉義地方法院	以社群網站方式表示「狗」、「狗幫主」、「狗盟主」		40
		以社群網站方式表示「無品流浪漢」		30
		「笨蛋」、「幹」	6000	
		「她是酒店小姐」、「每天陪男人睡覺」		30
		「有毛病」、「現世報」		40
		以社群網站方式表示「破麻」	2000	
		以社群網站方式表示「賤盤女戰士」	6000	
		「消尿胚」	6000	
		「沒見沒笑」	3000	
		「人渣」	2000	
		「畜生」2次	2000	
		「大爛人」、「爛人」	6000	
		「流氓」、「你要不要臉」		10
		「有一腿」、「你跟他是什麼關係」		10
		「臭俗仔」	5000	
		以社群網站方式表示「豬」	8000	
		「畜生」、以肢體、動作方式朝原告方向「潑水」	8000	

編號	各地方法院	公然侮辱內容	刑事判決	
			罰金（元）	拘役（日數）
14	橋頭地方法院	以社群網站方式表示「不要臉」、「無恥」、「小偷」	5000	
		「細姨生的」		20
		以社群網站方式表示「瘋狗」、「像狗吠」、「不要臉」、「神經病」、「不知道醜」、「畜生」		20
		以社群網站方式表示「禮義廉恥不會唸」、「鄉巴佬」、「社會敗類」、「裝聖人」		20
		以肢體動作方式朝原告方向「吐口水」、「廢物」	8000	
15	高雄地方法院	「你是豬」		15
		「哭爸」、「爛人」		50
		「垃圾」、「龜兒子」		35
		「神經病」6次	5000	
		「討客兄」、「蕭查某」、「真惡質」、「歹厝邊」、「垃圾」		50
		「龜兒子」、「人渣」		10
		「靠北」	6000	
16	花蓮地方法院	以社群網站方式表示「腦殘」	3000	
		以肢體動作方式朝原告「比中指」		10
		「大尾菜蟲」		15
		「不要臉」、「豬」、「神經病」		8
		「白癡」、「神經病」	4000	
		以社群網站方式表示「賣早餐的狗」	4000	
		「不成子」		25
		以社群網站方式表示「廢物」、「人渣」、「狼心狗肺」	5000	
		以影射方式表示「香蕉」辱罵		20
		「破麻」、「瘋婆子」、「神經病」	6000	

編號	各地方法院	公然侮辱內容	刑事判決	
			罰金（元）	拘役（日數）
18	屏東地方法院	以社群網站方式表示「王八烏龜蛋」、「烏龜亂叫」、「頭殼壞去」、「你之前賣過雞」、「賣雞就賣雞」	8000	
		以社群網站方式表示「白賊狗男女」		30
		在公佈欄原告簽名欄內書寫「幹」字		10
		「瘋女人」、「幹XX」		15
		以肢體動作方式朝原告方向「吐口水」	5000	
		以社群網站方式表示「數一數二廢物」、「廢物」、「垃圾」		15
		「瘋子」、「奧貨」	5000	
		「沒見笑」、「X你樓雷」		20
		「老新娘討客兄」	8000	
20	金門地方法院	「笨蛋」、「神經病」、「瘋子」、「你腦筋有問題」、「你白癡喔」	5000	

由以上刑事判決統計發現，一般行為人犯公然侮辱罪時以不雅言語謾罵為多，且法院判決按侮辱次數處罰，雲林地方法院謾罵3次「看到鬼」、「和洨啦」、「吐洨啦」罰金1500元，而桃園地方法院同樣謾罵3次「俗仔」、「沒出息」、「沒水準」罰金13000元，另拘役日數花蓮地方法院謾罵3次「不要臉」、「豬」、「神經病」判決8日，同樣為花蓮地方法院謾罵5次「下賤」、「死不要臉」、「不要臉」、「臭逼」、「騷逼」判決90日。顯然各地方法院法官就公然侮辱之判決輕重有別。

二、法院民事賠償怎麼判？

法院在判決民事賠償均衡量，被告與被害人之學歷、薪資收入、財產（包含：動產與不動產、股票……等等）、家庭狀況及被告就發生事件後所表現出的態度……等等之因素。來決定被告賠償原告之金額。

案例：

臺北方法院公然侮辱民事判決 106 年度附民字第 246 號判決

判決主文：被告應給付原告新臺幣陸仟元，及自民國一百零六年七月十三日起至清償日止，按週年利率百分之五計算之利息。

事實：原告於 105 年 11 月 30 日攜帶其 2 子搭乘捷運，自臺北捷運小碧潭站上車，途經七張站換乘新店線時，因排隊糾紛與被告發生衝突，被告竟於該日上午 8 時 50 分許，在不特定人得以共見共聞之捷運車廂上，對原告咆哮，稱原告插隊，並口出「不要臉」惡言，貶抑原告名譽及社會評價，使原告感到莫大侮辱，爰依侵權行為之法律關係提起本件訴訟等語。

理由： 被告因故意不法侵害原告之名譽權，自應對原告負損害賠償責任。查原告為大學畢業，目前負責家管；被告為大學畢業，年屆 60 歲現已退休無工作等情，業據兩造自述，復審酌被告不法之侵害手段與原告精神上之痛苦程度，及依職權調取兩造自 102 年至 105 年之稅務電子閘門財產所得調件明細表所示，原告名下有房屋、土地及汽車、上開各年度之財產所得為 0 元；

被告名下有土地、房屋、上開各年度僅有 103 年度至 104 年度領有股票股利 1,000 元至 2,000 元不等之所得等情，與兩造之身分、地位等一切情狀，認原告請求被告賠償 3 萬元之精神慰撫金尚屬過高，應以 6,000 元為合理允當，逾此範圍之請求，即不能准許。

表 3-3 各地方法院民事公然侮辱判決賠償金額一覽表

法院	辱罵用詞	賠償金額（元）
臺北地方法院	「老王八」	5000
	「不要臉」	6000
	以社群網站方式辱罵「賤女人」、「白癡」、「小孬孬」	6 萬
	以社群網站方式辱罵「畜生」、「王八蛋」	3 萬
	「渾蛋」、「潑婦」、「神經病」	2 萬及社區公布欄張貼道歉啟示 1 日
士林地方法院	「X 你娘操 XX」	3 萬
	以社群網站方式辱罵「下三濫」、「炮友」、「無恥老女人」、「你他媽的快去給鬼 *」	10 萬
	以社群網站方式辱罵「你三小」	2 萬
	「瘋婆」	1 萬
	「偷拿東西不是小偷是什麼」、「不要臉」	1 萬 5710
宜蘭地方法院	「你是啞巴嗎？」、「你媽沒生嘴巴給你嗎？」、「頭戴頂烏龜比較適合」	2 萬
	以社群網站方式辱罵「38 查某」、「垃圾」、「38」、「了然捏」、「下賤」、「之歪」、「北港香爐眾人插」	20 萬

法院	辱罵用詞	賠償金額（元）
基隆地方法院	「白目」、「畜生」	1萬
	「沒有私德」、「無恥」、「不要臉」、「基本人品有問題」	6萬
	「垃圾」	1萬5000
	「垃圾」2次、「乞丐趕廟公」	8000
	以社群網站方式辱罵「臭婊子」	6萬
桃園地方法院	以社群網站方式辱罵「爛人」	2萬及公司公布欄張貼道歉啟示7日
	「你不是人」、「你可惡」、「禽獸」、「壁雕」	2萬
	「王八蛋」、「你算什麼東西」、「妳放屁」、「你矮布拉機」、「你做人太缺德」、「你缺德很重」	2萬
	「你這個混帳東西」	2萬
	以肢體、動作方式朝原告「比中指」、「手指在靠近頭部位置搖晃」	1萬
	以社群網站方式辱罵「性無能」	3萬
新竹地方法院	「無恥」	5000
	「雜碎」	5萬
	「他媽的」、「林老師哩」、「你滾開」	5000
	以影射方式表示辱罵「你一個女人嫁一個男人就夠了還要嫁三個男人嗎？」、「至少我沒有亂搞邪淫還跟三個男人」	1萬
	以社群網站方式辱罵「幹」、「你他媽的」、「再賤一點」、「人渣」、「操」	5萬
	以社群網站以諧音方式辱罵「污沛蟑」、「龜兒子」	5萬

法院	辱罵用詞	賠償金額（元）
苗栗地方法院	「白癡」以肢體、動作方式朝原告「比中指」	3000
	以社群網站方式辱罵「瘋子」、「白癡」、「賤人」、「去吃藥了」、「你做假奶去給客人捏破」	2 萬
	以社群網站方式辱罵「豬來了朋友圈」、「你去洪 X」	2 萬
	「瘋女人」	2 萬
臺中地方法院	「不要臉」2 次、「垃圾」、「邋塌」	1000
	以社群網站方式辱罵「你神經病」、「你神經病喔」	1 萬
	「不要臉」2 次、「不要臉醜女人」2 次	1 萬
	「神經病」、「垃圾」、「王八蛋」、以肢體動作方式朝原告「比中指」	3 萬
	「流氓」3 次	2 萬
彰化地方法院	「老女人」、「瘋女人」、「不要臉」	3 萬
南投地方法院	「律師喔你這個算是下三流的」	5 萬

法院	辱罵用詞	賠償金額（元）
雲林地方法院	以社群網站方式辱罵「死人妖」、「死人妖」、「死人妖」、「狗母」	3 萬
	「不要臉」、「爛鳥種」、「玻璃心」、「下衰郎」、「要斷種了」	1 萬
	「吃得白白胖胖的好嫁不然那隻會爛掉」、「你娘咧」、「賽你娘」、「你沒見笑」、「你的水雞會爛掉」、「破雞」、「這隻爛鳥」	5 萬 5000
	「毋成囝」、「卸世卸眾」	3 萬
	「垃圾」、「婊子」、「噁心」、「你家死人」、「你沒好下場」	2 萬及社區 D 棟電梯內張貼道歉啟示 30 日
	以社群網站方式辱罵「人渣」	2 萬
	「肖婆」2 次	3 萬
	以社群網站方式辱罵「可恥」、「垃圾」、「詐欺」、「騙子」	6 萬
	以社群網站方式辱罵「豬同學」	8000
	「死客家人」、「瘋女人」2 次	1 萬
	「耍表」、「耍流氓」	1 萬
	「你是什麼東西」	1 萬
	「騙仙阿」、「手腳不乾淨」、「垃圾」	1000
	「龜兒子」	6000 公告欄張貼道歉啟示 3 日
	「消查某」	1 萬
花蓮地方法院	以肢體動作方式朝原告「吐口水」2 次、「X 你娘」、「敗類」	5 萬
	以社群網站方式辱罵「機車」、「白目」、「心被狗叼走」	3 萬

法院	辱罵用詞	賠償金額（元）
屏東地方法院	「你又在瘋什麼」、「ㄟ洪Ｘ」、「瘋女人」	3萬5000
	「討客兄」多次、「破麻」多次	3萬
	「瘋子」、「瘋了」、「奧貨」2次	1萬
	以社群網站方式辱罵「丟臉」、「嚇西嚇正」、「塞你娘」、「這對狗男女」、「畜生」、又以數字方式表示辱罵「2486」（指你是芭樂不守信用意思）	2萬
	某生「這種沒父沒母的」	2萬
金門地方法院	「笨蛋」、「神經病」、「瘋子」、「你腦經有問題」、「你白癡喔」	6000

資料來源：作者論文公然侮辱刑事與民事判決實證之研究。

　　法院依民法第18條、第184條、第195條第1項酌定非財產上損害賠償金額按慰藉金之賠償須以人格權遭遇侵害，使精神上受有痛苦為必要，其核給之標準固與財產上損害之計算不同，然非不可斟酌雙方身分資力與加害程度，及其他各種情形核定相當之數額，[28] 且所謂「相當」，應以實際加害情形與其影響是否重大及被害人之身分、地位與加害人之經濟情況等關係定之[29]。

　　可知實務上法院民事判決，在酌定被害人非財產上損害賠償金額時，仍依刑法第57條審酌後，再以被害人及加害人之身分、地位及經濟狀況酌定非財產上損害賠償金額。

28　最高法院47年台上字第1221號判例意旨。
29　最高法院51年台上字第223號判例、86年度台上字第3537號判決意旨。

第四章　被罵難道就不能回嘴嗎？

其實被罵並不是不能回嘴，刑法第 311 條就明文規定：

以善意發表言論，而有下列情形之一者，不罰：

一、因自衛、自辯或保護合法之利益者。

二、公務員因職務而報告者。

三、對於可受公評之事，而為適當之評論者。

四、對於中央及地方之會議或法院或公眾集會之記事，而為適當之載述者。

由該條可知，不但除了被罵可以回嘴外，還可以對於可受公評之事，而為適當之評論，也不會受罰。

地方法院刑事判決公然侮辱無罪的理由：

案例一：

臺北地方法院 107 年度易字第 46 號判決，被告以「穿黑衣服就是黑道」之用語，辱罵告訴人。法院法院判決無罪理由，告訴人持有經報導涉嫌組織等犯罪之甲名片到場，屢經嚴詞拒絕並要求離去私人營業場所，不要再打擾仍未果，而稱呼「黑道」等語，顯係對於告訴人前開手段表達意見。綜合上開被告發表言論之上下文、發言場合、發言目的、被告個人經驗觀察，本案被告所言「穿黑衣服就是黑道」等語，係基於告訴人之前開行為陳述意見，而難認其評論目的係為攻擊告訴人而有公然侮辱犯意，雖然其前開用語致使告訴人感到不快，仍不應以公然侮辱之刑責相繩。揆諸首開說明，本院自應為被告無罪之諭知。

法院認為被告以「穿黑衣服就是黑道」言語之舉為評論，而非在於無端謾罵、攻擊告訴人。因此，實務上仍將刑法第 311 條之規定，用於刑法第 309 條不罰之事由，來限縮刑法第 309 條處罰之範圍。

案例二：

臺北地方法院 107 年度易字第 164 號判決，被告以「神經病」之粗鄙用語，辱罵告訴人。法院法院判決無罪理由，告訴人不顧被告站在斑馬線上仍在執行指揮交

通中，執意當面質問之情，是被告所辯告訴人之舉讓伊分心無法專心執行勤務等語，應可採信，就一般人之理解，可認被告係對告訴人為上開言語之舉為評論，而非在於無端謾罵、攻擊告訴人個人；雖「神經病」一詞隱含負面評價之意，惟於社會人際互動中仍非少見，且依當時雙方相互爭執，言詞交鋒之情境，客觀上實不足以令人有貶低告訴人人格或地位評價之可能，依前開說明，被告對告訴人稱「神經病」該語，係針對告訴人之行為，並非針對告訴人人格，故被告主觀上並無以言語否定告訴人人格之故意，即不具備刑法第309條公然侮辱罪之主觀故意構成要件，尚難以該罪相繩，依首揭說明，依法應為被告無罪之諭知。

　　被告所辯告訴人之舉讓伊分心無法專心執行勤務等語，應可採信，就一般人之理解，可認被告係對告訴人為上開言語之舉為評論，而非在於無端謾罵、攻擊告訴人個人，被告對告訴人稱「神經病」該語，係針對告訴人之行為，並非針對告訴人人格，故被告主觀上並無以言語否定告訴人人格之故意，很顯然法院是以刑法第311條第3款之規定來限縮解釋刑法第309條第1項構成要件之違法性。

案例三：

　　基隆地方法院106年度易字第528號判決，被告甲以「有的人就是頭腦不好」、「白癡」等不堪言詞，及被告乙以「好像女人」、「白癡」、「娘娘腔」、「沒帶LP」、被告丙以「怪洨」等不堪言詞，共同出言辱罵告訴人。

　　法院判決無罪理由，告訴人未經被告丙之同意主動靠近，並將鏡頭持續對被告丙進行拍攝，侵犯丙之隱私權，被告丙所稱「怪洨」即便係在指涉告訴人，也是在評價告訴人異於常人的行為，「洨」這個字並非精液的意思，應是角色的意思，其用辭並未污辱告訴人。被告甲、乙部分：該2人只是在互相對話，並未指涉特定人，且告訴人也自承當天會同農業局人員前來處理一事，與被告甲、乙2人無關，但告訴人卻未得被告甲、乙之同意，主動對他們攝影，並經異議後仍持續攝影，侵犯被告甲、乙之隱私權，因此縱被告甲、乙的對話是在指涉告訴人，也是對告訴人侵犯隱私權行為之評價，主觀上並無侮辱意圖。自應對被告3人均為無罪之諭知。

　　本案被告的對話是在指涉告訴人，也是對告訴人侵犯隱私權行為之評價，主觀上並無侮辱意圖。依刑法第311條第1款因自衛、自辯或保護合法之利益者及同條第3款，法院應為無罪之諭知。

案例四：

南投地方法院 107 年度易字第 29 號判決，被告甲利用電子設備連結網際網路，以暱稱「甲」登入乙之臉書網頁，針對告訴人丙之回文接續公開刊登：「白痴」、「既蠢又無知」、「圓仔花嘸知自己醜」、「喜歡四處去跑跳現醜」、「蠢蛋」等語，貶損告訴人之名譽。法院判決無罪理由，告訴人丙於證人乙於臉書上刊登「《民報》《專文》文章下，就文章表達與該篇不同意見之留言，故與證人乙持相同政治立場之被告予以反擊。而言論自由為一種「表達的自由」，表達本身應予最大程度之保障，而個人之評論意見，本隨各人之價值觀而有不同看法，無一定之判斷標準，只要遵循法律及就事論事原則，以所認為之事實為依據，加以論證是非，可為正面評價，亦可為負面評價，依各人的自由意志選擇，做道德上的非難或讚揚，均無不可，縱被告為系爭留言，雖有過於激烈而有失允當之情，甚而使告訴人感到不快，然審究被告留言之內容，並非就具體事實指摘告訴人亦非以妨害告訴人之名譽為唯一之目的，而係針對告訴人所屬政治立場之留言為抽象之負面評價，核屬針對特定事項，依個人價值判斷所提出之主觀意見、評論或批判，乃個人主觀評價之表現，無所謂真實與否，應屬「意見表達」之言論範疇。被告留言並非針對告訴人，且系爭留言在社會通念上已非專用於攻訐、謾罵之用語。主觀上，也難認系爭留言係本於貶低告訴人人格、社會地位評價之意圖依法自應諭知無罪之判決。

依據刑法第 311 條第 3 款之規定，對於可受公評之事，而為適當之評論者，不罰。

案例五：

臺南地方法院 105 年度易字第 1231 號判決，被告甲因民事請求終止租賃契約而與乙起糾紛，在臺灣臺南地方法院第二調解室，以臺語「垃圾」等語辱罵乙。法院無罪判決理由，調解室即屬僅特定少數人得以進入之場所；即使值勤法警即證人等人於巡察、值勤時聽聞該調解室有爭吵而進入該處，惟人數僅數名，並非須經過相當時間始能分辨人數；或難以計數之特定多數人。揆諸上開說明，被告並非在不特定人得共見共聞之公共場所或公眾得出入之場所為之，亦非在特定多數人得共見共聞之狀態下所為，不符合「公然」之定義，與刑法第 309 條第 1 項公然侮辱罪之構成要件有間。此外，復查無其他積極證據，足資證明被告上開行為有使不特定人或多數人共見共聞之情形。本件既不能證明被告犯罪，依法自應為無罪之諭知。被害人因辱罵精神上受損部分，應另循民事程序為之。

與刑法第 309 條第 1 項公然侮辱罪之構成要件上「公然」之不特定人或多數人得以共見或共聞之狀況不符，應判決無罪。

案例六：

臺南地方法院 105 年度易字第 1253 號判決，被告甲與乙係共同經營小學堂之臉書，甲在個人臉書專頁上留言貼文：「偷別人東西拿去比賽得名，真的很無恥」等文字，足以損害丙、丁、戊、己之名譽，嗣經丙等人之家長於網路上發覺始悉上情。因認被告涉犯刑法第 309 條第 1 項之公然侮辱罪嫌。法院無罪判決理由，被告於分享女友乙未被事先告知即被掠奪原創致感覺不受尊重之貼文，及一併分享上揭新聞媒體報導後，始在個人臉書專頁發表系爭貼文之過程以觀，足見被告係因客觀上告訴人等未徵得石虎圖案原創者乙同意之具體事實，主觀上認告訴人侵害著作權，故以客觀上原創者乙之貼文為基礎，並對此不尊重原創者行為之具體事實表達意見，已非抽象的公然謾罵或嘲弄，自難認該當刑法第 309 條公然侮辱罪之要件，告訴人等因從網路上下載由乙所創作之圖案，致衍生著作權相關問題，已非純屬私德之個人事務，而屬針對與公眾利益有關之事項表達意見，應屬善意發表之言論，按刑法第 310 條第 3 項「真實不罰」及第 311 條「合理評論」等規定，及依司法院大法官會議 89 年釋字第 509 號解釋所創設合理查證義務之憲法基準，以限定刑罰權之範圍。自應為被告無罪之諭知。

本案法院認為不尊重原創者行為之具體事實表達意見，已非抽象的公然謾罵或嘲弄，自難認該當刑法第 309 條公然侮辱罪之要件。「侮辱」是以抽象空泛未指有具體之事實的謾罵或嘲弄，然而罵人「無恥」應為「抽象」之謾罵，怎麼會是「非抽象」的謾罵或嘲弄呢？法院是以刑法第 310 條第 3 項「真實不罰」及第 311 條「合理評論」等規定，及依司法院大法官會議釋字第 509 號判決被告無罪。

案例七：

橋頭地方法院 106 年度易字第 291 號判決，被告甲偕其妻與其兄丙、原告乙談論債務問題因不滿遭乙插嘴，竟以「你他媽你……他媽的……」等侮辱言詞辱罵乙。法院無罪判決理由，然本案發生時點為系爭餐廳休息時間，用餐顧客倘仍執意入內用餐，當應先經詢問，經被告同意後始得入內，非屬可供他人自由進出之公開場所，且一般情況下，若系爭餐廳內並無發生特殊情事，過往路人亦無駐足往內探視或仔細聆聽店內聲音抑或知曉受辱罵之人為何之可能，公訴意旨所指尚難採為對被告不

利之認定，自應為被告無罪之諭知。

　　與刑法第 309 條第 1 項公然侮辱罪之構成要件上「公然」之不特定人或多數人得以共見或共聞之狀況不符，應判決無罪。

　　以上統計得知，目前實務上法院在判定無罪時，先以侮辱時是否「公然」為之，若非「公然」之即判決無罪；若為「公然」再以第 311 條第 3 款規定，判斷是否以善意發表言論或可受公評之事，而為適當之評論者，作為無罪判決之標準。

　　注意：近來最高法院於民國 107 年台上字第 3116 號妨害名譽刑事判決，認為刑法第 311 條免責要件之規定，係針對誹謗行為，然於公然侮辱行為，並無適用餘地。

判決全文：

　　上訴人甲

　　因妨害名譽案件，不服臺灣高等法院花蓮分院中華民國 107 年 5 月 2 日第二審判決（107 年度上易字第 16 號，起訴案號：臺灣花蓮地方檢察署 106 年度偵字第 2242 號），提起上訴，本院判決如下：

　　主文

　　上訴駁回。

　　理由

一、刑事訴訟法第 377 條規定，上訴於第三審法院，非以判決違背法令為理由，不得為之。是提起第三審上訴，應以原判決違背法令為理由，係屬法定要件。如果上訴理由書狀並未依據卷內訴訟資料，具體指摘原判決不適用何種法則或如何適用不當，或所指摘原判決違法情事，顯與法律規定得為第三審上訴理由之違法情形，不相適合時，均應認其上訴為違背法律上之程式，予以駁回。

二、本件上訴人甲上訴意旨略以：

　　（一）依證人丙於偵查及第一審之證言，其於臺灣花蓮地方法院民事執行處執行人員辦理強制執行過程中，固曾說出「不要臉」等言詞，但當時並未面對告訴人乙而為，且係對於告訴人侵吞其配偶、子女不動產之事加以評論，與公然侮辱罪之構成要件不合。原判決認定其有公然侮辱犯行，顯然違法。

　　（二）縱認其係對告訴人說出「不要臉」之言語，應係就雙方有爭執之

　　不動產，為保護自身合法利益，並對可受公評事項為適當評論，符
　　合刑法第311條第1、3款免責要件規定，不應依公然侮辱罪處罰。
　　原判決仍論處其公然侮辱刑責，有適用法則不當之違法。

三、惟查原判決撤銷第一審無罪之判決，改判論處上訴人犯公然　侮辱罪
　　刑，已詳述認定犯罪事實所憑證據及認定理由。並對如何認定：上訴人
　　否認犯罪之辯詞，不足採信；其有公然侮辱之犯意及犯行；均依據卷內
　　資料予以指駁及說明。

四、原判決從形式上觀察，並無任何違背法令。又查：

　（一）刑法第311條係關於事實之「意見表達」或「評論」，就誹謗罪
　　　　特設之阻卻違法事由。而刑法第309條所稱「侮辱」者，係以言語、
　　　　舉動或其他方式，對人為抽象的、籠統性侮弄辱罵而言，至同法第
　　　　310條稱「誹謗」者，則係以具體指摘或傳述足以毀壞他人名譽之
　　　　事而言，二者應有所分別。是以刑法第311條針對誹謗行為，雖
　　　　定有不罰事由，然於公然侮辱行為，並無適用餘地。

　（二）上訴人甲於多數人得以共見共聞之民事執行場合，以「不要臉」等
　　　　用語辱罵告訴人乙，所為構成公然侮辱，自無主張刑法第311條
　　　　善意阻卻違法之可言。

五、上訴意旨置原判決論述於不顧，徒為事實上爭辯，並對原審　採證認事
　　職權之行使，任意指摘，與首述法定上訴要件不符　。其上訴違背法律
　　上程式，應予駁回。

據上論結，應依刑事訴訟法第395條前段，判決如主文。

中　華　民　國　１０７　年　７　月　２５　日

　　　　　　　　　　　　　　　　　　　最高法院刑事庭

第五章 立法院及總統府國事會議有關公然侮辱除罪化之議案

一、立法院有關公然侮辱除罪化之議案

案由：本院委員，鑒於刑法妨害名譽罪章若干條文業已侵害憲法第 11 條表現自由，且該法構成要件之認定準則不一，更促使民眾動輒興訟，浪費司法資源；實應加以除罪化，以使當事人逕行循民事求償途徑即可，以符比例原則及刑法謙抑性。是否有當？敬請公決。

說明：

（一）刑法謙抑性者，亦即不法行為之構成，須具有不法、罪責與應刑罰性等三個本質要素；亦即須兼具

　　　（1）不法行為所破壞法益之價值與程度；

　　　（2）不法行為對於行為客體侵害之危險性；

　　　（3）行為人在良知上之可譴責性；

　　　（4）刑罰之無可避免性等，而為綜合判斷。

（二）據司法統計月報指出，妨礙名譽案件量自 2001 年起之 571 件，到 2009 年已破千件共達 1045 件、2011 年達到 1324 件、2013 年底更高達 1966 件，其中遭判刑 6 個月以下者僅 40 件、6 個月至 1 年者有 3 件；其餘多屬無罪、不受理或論罰金以下之刑者；顯示近幾年妨礙名譽案件量激增，然定罪率卻頗低。

（三）此外，公然侮辱罪還有判決不一的問題；判例上有民眾罵人「X 你娘」在台北地院被判拘役 45 日、在台東地院判拘役 20 日；罵人「神經病」則有從判拘役 30 日、罰金 4000 元到無罪都有；而罵人「瘋子」在台北地院被判罰金 4000 元、在板橋地院判無罪。更何況多數民眾有以「不要臉」或「白目」而吃上官司者，日前更有台北地檢署認為「『唬爛』不算罵人，但『腦殘』曾被法院認定構成公然侮辱；但是，罵人『無腦』比罵人『腦殘』更嚴重」，

竟然逕行將當事人依公然侮辱罪嫌起訴之案例；更何況上述某些詞句僅是民眾慣用語，並沒有侮辱別人的意思，卻因此動輒挨告導致吃上「前科」；故本法實有修正之必要。

（四）準此，近日更有某位婦人認為其夫與公司女同事外遇連珠炮嗆罵羅女：「不要臉、賤人、XX 娘、肖查某」，竟被檢方依妨害名譽罪嫌起訴；然士林地院的女法官卻認為「有力的表述，未必是文雅的……被告是對自己婚姻遭到侵犯的情感表述，法律沒理由處罰『說實話的人』而判其無罪。」尤其，法官亦闡明「強迫情緒激動者不能口出惡言，無異於強令她另尋宣洩管道，可能造成無可挽回的犯行」。

（五）參酌民國 19 年妨害名譽章之立法理由「至於不問事實之有無概行處罰，就箝制言論之自由及妨害社會，可謂極矣，是謂失之過廣。」綜上所述，本案各項條文實無存在之必要，以上種種，敬請公決。

（六）本案特針對刑法第 309 條至第 312 條主張刪除，而不列入第 313 條妨害信用罪之緣由，實因該條不純屬個人法益之侵害亦有涉及交易安全及公眾利益之可能，故特予以保留；茲補充如上 [30]。

表 5-1　中華民國刑法刪除部分條文草案對照表

修正條文	現行條文	說明
第三百零九條（刪除）	第三百零九條公然侮辱人者，處拘役或三百元以下罰金。 以強暴犯前項之罪者，處一年以下有期徒刑、拘役或五百元以下罰金。	一、本條刪除。 二、本條文非但侵害憲法第十一條之人民表現自由，更違背刑法謙抑性與比例原則，亦導致實務多有濫訴，徒增司法資源耗費，特予以刪除並回歸民事追償始為正辦。

30　立法院第 8 屆第 5 會期第 10 次會議議案關係文書（中華民國 41 年 9 月起編號）中華民國 103 年 5 月 14 日印發院總第 246 號委員提案第 16396 號。

修正條文	現行條文	說明
第三百十條 （刪除）	第三百十條意圖散布於眾，而指摘或傳述足以毀損他人名譽之事者，為誹謗罪，處一年以下有期徒刑、拘役或五百元以下罰金。 散布文字、圖畫犯前項之罪者，處二年以下有期徒刑、拘役或一千元以下罰金。 對於所誹謗之事，能證明其為真實者，不罰。但涉於私德而與公共利益無關者，不在此限。	一、本條刪除。 二、本條文非但侵害憲法第十一條之人民表現自由，更違背刑法謙抑性與比例原則，亦導致實務多有濫訴，徒增司法資源耗費，特予以刪除並回歸民事追償始為正辦。
第三百十一條 （刪除）	第三百十一條以善意發表言論，而有左列情形之一者，不罰： 一、因自衛、自辯或保護合法之利益者。 二、公務員因職務而報告者。 三、對於可受公評之事，而為適當之評論者。 四、對於中央及地方之會議或法院或公眾集會之記事，而為適當之載述者。	一、本條刪除。 二、本條原屬前兩條之除罪條款，遂配合前兩條一併予以刪除。
第三百十二條 （刪除）	第三百十二條對於已死之人公然侮辱者，處拘役或三百元以下罰金。 對於已死之人犯誹謗罪者，處一年以下有期徒刑、拘役或一千元以下罰金。	一、本條刪除。 二、基於舉重明輕之法理，刑法第三百零九條及第三百十條既無存在之必要，遂一併將本條文亦予刪除。

資料來源：立法院第 8 屆第 5 會期第 10 次會議議案關係文書（中華民國 41 年 9 月起編號）中華民國 103 年 5 月 14 日印發院總第 246 號委員提案第 16396 號。

二、總統府司法改革國是會議委員會第五組有關公然侮辱除罪化之議案 2017.03.30 第三次會議決議

妨害名譽：基於言論自由與新聞自由之保障，避免以刑逼民、濫用國家訴訟資源，參考妨害名譽之實證統計，103 年到 105 年共 28073 件妨害名譽案件偵查終結，僅 5745 案件起訴，而觀察三年內所有妨害名譽之判決，幾無人受自由刑之處分，顯見本罪之存在可能干擾新聞與言論自由，亦有浪費司法資源之虞，建議妨害名譽犯罪予以除罪化，以民事訴訟處理妨害名譽行為可能造成之損害。

表 5-2 總統府司法改革國是會議成果

第五分組

編號	議題	子題	決議
5-3	有效打擊犯罪	8. 微罪（著作權法、妨害名譽罪）除罪化之檢討	2017.03.30 第三次會議決議： 1. 妨害名譽： 　基於言論自由與新聞自由之保障，避免以刑逼民、濫用國家訴訟資源，參考妨害名譽之實證統計，103 年到 105 年共 28073 件妨害名譽案件偵查終結，僅 5745 案件起訴，而觀察三年內所有妨害名譽之判決，幾無人受自由刑之處分，顯見本罪之存在可能干擾新聞與言論自由，亦有浪費司法資源之虞，建議妨害名譽犯罪予以除罪化，以民事訴訟處理妨害名譽行為可能造成之損害。

資料來源：總統府司法改革國是會

結語

　　雖然目前公然侮辱罪刑法第 311 條有免罰之規定，且在立法院與總統府司法改革國是會議中多主張公然侮辱罪應除罪化者，但目前在公然侮辱尚未除罪化前，建議您遇到紛爭還是控制好您自己的情緒「管好自己的嘴」，讓您遭受到拘役或罰金之災，那是多麼不划算的事。

　　縱使刑罰公然侮辱罪業已除罪化，但還是免不了民事賠償，因此多造口德，少造口業，以免「禍從口出」讓您的荷包大失血。

參考文獻

壹、參考書籍

1. 甘添貴著刑法各論（上）修訂三版 2013 年（三民書局出版）。
2. 曾淑瑜 2007 年 1 月圖解知識六法刑法分則編（新學林出版）。

貳、參考文章

1. 廖正豪（08/20/1976），刑事法雜誌論著妨害名譽罪之研究（上），財團法人刑事法雜誌社基金會出版：4 期，頁 13-15。
2. 袁興，（04/108）開南大學碩士論文「公然侮辱刑事與民事判決實證之研究」。

叁、司法院解釋

1. 司法院院字第 2033 號解釋。
2. 司法院院字第 2032 號解釋。
3. 釋字第 145 號解釋。
4. 司法院在 37 年院解字第 3806 號解釋。
5. 司法院院字第 2178 號解釋。

肆、法院判決

1. 臺灣臺北地方法院刑事判決 95 易字 704 號判決。
2. 臺灣最高法院 47 年台上字第 1221 號判例意旨。
3. 臺灣最高法院 51 年台上字第 223 號判例、86 年度台上字第 3537 號判決意旨。
4. 臺灣臺北地方法院 107 年度易字第 46 號。
5. 臺灣臺北地方法院 107 年度易字第 164 號。
6. 臺灣基隆地方法院 106 年度易字第 528 號。
7. 臺灣南投地方法院 107 年度易字第 29 號。
8. 臺灣臺南地方法院 105 年度易字第 1231 號。
9. 臺灣臺南地方法院 105 年度易字第 1253 號。
10. 臺灣橋頭地方法院 106 年度易字第 291 號。
11. 臺北簡易庭 107 年度北小字第 2561 號判決。
12. 臺北簡易庭 107 年度簡字第 759 號刑事判決。

13. 臺北簡易庭 107 年度北小字第 2677 號。
14. 臺北簡易庭 107 年度簡字第 721 號刑事判決。
15. 臺灣臺中地方法院臺中簡易庭 107 年度中小字第 2416 號判決。
16. 臺灣臺中地方法院檢察署檢察官 106 年度偵緝字第 1971 號。
17. 臺灣臺中地方法院臺中簡易庭 106 年度易第 141 號刑事判決。
18. 臺灣臺中地方法院臺中簡易庭 106 年度中簡字第 1856 號判決。
19. 臺灣臺中地方法院臺中簡易庭 106 年度中簡字第 923 號刑事簡易判決。
20. 臺灣高雄地方法院高雄簡易庭 107 年度雄簡字第 1911 號判決。
21. 臺灣高雄地方法院高雄簡易庭 107 年度簡字第 2482 號刑事判決。
22. 臺灣臺北地方法院臺北簡易庭 107 年度北小字第 1426 號判決。
23. 臺灣臺北地方法院臺北簡易庭 106 年度簡字第 3115 號判決。
24. 臺灣基隆地方法院 107 年度基簡字第 167 號判決。
25. 臺灣新北地方法院 106 年度簡字第 8425 號判決。
26. 臺灣高雄地方法院 107 年度簡字第 2482 號刑事判決。
27. 臺灣新北地方法院 106 年度簡字第 8455 號判決。
28. 臺灣臺北地方法院臺北簡易庭 107 年度北小字第 1426 號判決。
29. 臺灣臺北地方法院 106 年度簡字第 3115 號判決。
30. 臺灣臺北地方法院臺北簡易庭 107 年度北簡字第 8250 號判決。
31. 臺灣臺北地方法院 107 簡字第 488 號刑事判決。
32. 臺灣臺北地方法院 107 年度簡上字第 488 號刑事判決。
33. 臺灣臺中地方法院臺中簡易庭 106 年度中小字第 1807 號判決。
34. 臺灣臺中地方法院 105 年度中簡字第 788 號刑事判決。
35. 臺灣臺北地方法院 106 年度簡字第 3279 號判決。
36. 臺灣新北地方法院 106 年度簡字第 3925 號判決。
37. 臺灣苗栗地方法院 107 年度苗原簡字第 16 號判決。
38. 最高法院於民國 107 年台上字第 3116 號。

伍、立法院議案文書

　　立法院第 8 屆第 5 會期第 10 次會議議案關係文書（中華民國 41 年 9 月起編號）中華民國 103 年 5 月 14 日印發院總第 246 號委員提案第 16396 號。

陸、總統府司法改革國是會議成果司法改革國是會議成果司法改革國是會議成果報告。

附錄一、法院文宣

壹、如何辦理房屋租賃契約公證

　　房屋出租訂立書面契約,經過公證之後,對於承租人期滿交還房屋,給付租金及違約金,出租人返還押金等事項,不須訴訟就可請求法院強制執行。雙方權利獲得保障,糾紛也可避免,聲請手續如下:

一、購買公證請求書 1 份。

二、請求書的填寫方式(公證處書寫桌上有範本)
　　填明請求人即出租人、承租人雙方,(承租人如有保證人時,填在承租人之後)姓名、年籍、身分證統一號碼及住址。(請按身分證上之資料填寫)及電話。
　　「請求公證之法律行為或私權事實」欄內,僅須填寫「當事人間訂立房屋租賃契約,請求公證」。「約定逕受強制執行」欄內,分別寫明需要強制執行的標的,如「租賃期滿交還房屋」或「給付房屋租金及違約金」或「返還租押金」。最後由請求人雙方簽名及蓋章,並記明年月日。(承租人如有保證人時,亦簽名蓋章)。

三、請求人均應攜帶國民身分證及印章,出租人並要帶房屋產權證件及載有課稅現值之房屋稅單正本(並備影本附卷)。請求人如係公司法人請攜帶公司(設立)變更登記表、營利事業登記證(並備影本附卷)、負責人身分證,公司及負責人印章。

四、請求人本人不能到場,可以委託他人代理,但要提出授權書及私人或公司最近之印鑑證明書正本一份交本院存卷,授權書務必要由授權人親自簽名蓋印鑑章。(經濟部停發公司印鑑證明之代替措施請閱附件一說明。)

五、所需租賃契約,請求人如有自備至少攜帶三份,如未準備可利用公證處印製的

契約。

六、如請求人不識字，須找一位年滿 20 歲，識字之見證人攜帶身分證、印章，一同到場辦理。

七、依公證法第 80 條，公證法施行細則第 41 條第 5 款規定，公證人認為必要時須至房屋所在實際體驗。

八、應交公證費約為：

租賃期間租金總額及房屋公告現值二者中較高者，加保證金或押租金為其價額，依附件二計收。

附有強制執行效力之請求時，依前（一）公證費，再加收二分之一。

九、未備事項，依最新相關法令辦理。

附件（一）

辦理公證時，公司印鑑證明之代替措施，民國 87 年 4 月 1 日經濟部停發公司印鑑證明後，目前依司法院之規定，辦理公證時之代替措施如下：（相關法令如有變動，仍以最新規定為準）

公司保管之最新「公司（設立）變更登記表」（發表主管機關為經濟部商業司，經濟部中部辦公室、台北市政府建設局……等）

一、發表時間在 6 個月以內請帶
　　1.該表正本供核對
　　2.該表影本，並加蓋公司大小印鑑章，留存公證處

二、發表時間超過 6 個月請帶
　　1.該表正本供核對
　　2.主管機關最近 3 個月內核發之「公司（設立）變更登記事項卡抄錄本」正本，留存公證處

3. 主管機關核發前項抄錄本之公文正本供核對

4. 前項公文之影本，留存公證處

附註：公司設立（變更）登記表之使用方法與公司設立（變更）登記表相同 [31]。

附件（二）

標的金額或價額 （新台幣）	收費 （新台幣）	標的金額或價額 （新台幣）	收費 （新台幣）
20 萬元以下（含價額不能算定及非財產關係之公證）	1,000 元	逾 4000 萬元至 5000 萬元	14,000 元
逾 20 萬元至 50 萬元	2,000 元	逾 5000 萬元至 6000 萬元	15,000 元
逾 50 萬元至 100 萬元	3,000 元	逾 6000 萬元至 7000 萬元	16,000 元
逾 100 萬元至 200 萬元	4,000 元	逾 7000 萬元至 8000 萬元	17,000 元
逾 200 萬元至 500 萬元	5,000 元	逾 8000 萬元至 9000 萬元	18,000 元
逾 500 萬元至 1000 萬元	6,000 元	逾 9000 萬元至 10000 萬元	19,000 元
逾 1000 萬元至 2000 萬元	8,000 元	逾 1 億元以上	每超過 1000 萬元加收 1000 元，未達 1000 萬元者，以 1000 萬元計
逾 2000 萬元至 3000 萬元	10,000 元		
逾 3000 萬元至 4000 萬元	12,000 元	載明應逕受強制執行者，依上表加收二分之一。	

---

[31] 臺灣新北地方法院法律廣告文宣。

貳、如何辦理債權債務契約公證

　　對可以強制執行之標的，如給付金錢、代替物、有價證卷、特定的動產、租借期滿交還房屋或土地等，公證之後債務人不履行，無須訴訟，就可請求法院強制執行。

聲請手續如下：

一、購買公證請求書 1 份。

二、訂立契約雙方的當事人、保證人都是請求人，依次序將姓名、年籍、身分證統一編號、住址及電話，填入請求人欄內，如有見證人者則另填入見證人欄內。

三、請求書「請求公證之法律行為或私權事實」欄內，填明聲請的事由，如買賣、贈與、借貸、僱傭、承攬、委任、合夥等事件訂立契約，請求公證。

四、在「約定逕受強制執行」欄內，寫明強制執行之事項，請求書末尾由請求人簽名蓋章，並記明年月日。

五、請求書填好後交公證處櫃台收件，分由公證人辦理。

六、請求人均應攜帶國民身分證及印章，親自到場，公司法人負責人要攜帶身分證、公司執照及營利事業登記證，公司印章。不能親自到者，應提出加蓋印鑑章之授權書及印鑑證明書，由代理人攜帶身分證及印章到場。（經濟部停發公司印鑑證明後之代替措施，見後附說明。）

七、倘請求人為盲者或不識字者，須找 1 位於請求事件無利害關係、年滿 20 歲且識字之見證人，攜帶身分證及印章一同到場。

八、倘請求人不通中國語文或聾啞時，須找 1 為年滿 20 歲之通譯，攜帶身分證及印章一同到場。

九、各種法律行為的契約書，由請求人自備一式三份，1 份由公證處存卷。

十、依公證法第 80 條規定，公證人於必要時對公證之標的物實際體驗。

十一、未備事項依最新相關法令辦理。

如何辦理債權債務契約公證附件（1）

　　辦理公證時，公司印鑑證明之代替措施

　　民國 87 年 4 月 1 日經濟部停發公司印鑑證明後，目前依司法院之規定，辦理公證時之代替措施如下：（相關法令如有變動，仍以最新規定為準）

　　公司保管之最新「公司（設立）變更登記事項卡」（發卡主管機關為經濟部商業司、經濟部中部辦公室、台北市政府建設局……等）

一、發卡時間在 6 個月以內請帶該卡正本供核對該卡影本，並加蓋公司大小印鑑章，留存公證處。

二、發卡時間超過 6 個月請帶該卡正本供核對主管機關最近 3 個月核發之「公司（設立）變更登記事項卡抄錄本」正本留存公證處主管機關核發前項抄錄本之公文正本供核對前項公文之影本，留存公證處。

附註：公司設立（變更）登記表之使用方式與公司設立（變更）登記事項卡相同 [32]。

如何辦理債權債務契約公證附件

標的金額或價額	收費	標的金額或價額	收費
20 萬元以下（含價額不能算定及非財產關係之公證）	1,000 元	逾 4,000 萬元至 5,000 萬元	14,000 元
逾 20 萬元至 50 萬元	2,000 元	逾 5,000 萬元至 6,000 萬元	15,000 元
逾 50 萬元至 100 萬元	3,000 元	逾 6,000 萬元至 7,000 萬元	16,000 元
逾 100 萬元至 200 萬元	4,000 元	逾 7,000 萬元至 8,000 萬元	17,000 元
逾 200 萬元至 500 萬元	5,000 元	逾 8,000 萬元至 9,000 萬元	18,000 元
逾 500 萬元至 1,000 萬元	6,000 元	逾 9,000 萬元至 10,000 萬元	19,000 元
逾 1,000 萬元至 2,000 萬元	8,000 元	逾 1 億元以上	每超過 1,000 萬元家收 1,000 元，未達 1,000 萬元者，已 1,000 萬元計
逾 2,000 萬元至 3,000 萬元	10,000 元		
逾 3,000 萬元至 4,000 萬元	12,000 元	載明應逕受強制執行者，依上表加收二分之一。	

---

[32]　臺灣新北地方法院法律廣告文宣。

叁、如何辦理拋棄繼承

一、拋棄繼承的意義

指繼承人在繼承開始之後，向法院表示否認他當然為繼承人的效力；也就是說應該繼承的人，具狀向法院說他不要繼承被繼承人遺留下來的全部財產。

二、拋棄繼承的規定（民法第 1174 條）

（一）管轄的法院，由被繼承人住所地的地方法院管轄（家事事件法 127 條）。

　　1. 拋棄人須為繼承人，既有繼承權的人，才有拋棄繼承可言，如已經出養的子女，或後順位繼承人在先順位繼承人拋棄繼承之前，都沒有拋棄繼承可言。

　　2. 依民法第 1138 條，遺產繼承人，除配偶外，依下列順序而定之：

　　直系血親卑親屬（子、女、內外孫子、女）

　　父母。

　　兄弟姊妹。

　　祖父母（含外祖父母）。

（二）拋棄繼承，須在知悉繼承之時起，三個月以內為之。如已逾三個月期間，就不生拋棄的效力。所謂知悉得繼承之時，指知悉被繼承人死亡事實時；如係後順位之繼承人因先順位之繼承人拋棄繼承，而得為繼承人者，指知悉先順位繼承人拋棄繼承之事實之時。

（三）拋棄的方式，須由拋棄人以書狀向法院為之。應以書面通知因其拋棄而應為繼承之人。（如後附之拋棄繼承通知）但不能通知者，不再此限。

　　拋棄繼承通知以郵政存證信函：寄件人：（拋棄繼承人）000 000 000

　　函文：收件人：（繼承人）000

　　（被繼承人 000 於中華民國 00 年 00 月 00 日死亡，繼承人 000、000、000 依民法第 1174 條第 1 項規定拋棄繼承權，依同法條第 2 項規定，已於知悉得繼承之時三個月內以書面向法院為之）。

（四）1. 前項書狀應附具被繼承人除戶之戶籍謄本（如戶籍尚無死亡記載，應同時提出死亡之證明書）、全體繼承人之現戶戶籍謄本、繼承系統表（如後附

樣式）、拋棄繼承通知書（先順位之繼承人拋棄繼承，後順位之繼承人聲請拋棄繼承時始提出）、遺產繼承拋棄書（本院例稿備索）、拋棄繼承人之印鑑證明書（以上均 1 份）等，併向法院提出。

（父）000（歿）---（被繼承人）000（歿）---（長子）000（存）

---（次子）000（存）

（母）000（存）---（配偶）000（存）---（長女）000（存）

--（次女）000（存）

2. 在國外住居之拋棄人，如無法在國內戶籍機關取得印鑑證明，也無法到法院陳明拋棄確為其本人真意時，即應將其拋棄之意思表示作成書面，經其所在地之法院或公證人公證或認證，再經中華民國派駐外國館處驗證；或逕將拋棄繼承權書及授權書送中華民國駐該外國館處或相當機構公證或認證後，隨拋棄繼承權聲請狀附交或另補呈法院。

一、法院的調查

拋棄繼承是非訟事件，法院依職權調查事實及必要之證據。以明管轄權之有無，拋棄人有無繼承權，拋棄是否一部拋棄或附有條件，是否為拋棄人之真意等？並將調查結果函知拋棄人，不另製作裁定。

二、拋棄繼承的效果

（一）拋棄繼承經法院函准備查者，溯及於繼承開始時發生效力。

（二）拋棄繼承人之子女，並不因此有代位繼承權。但直系血親卑親屬親等近者均拋棄繼承權時，由次親等直系血親卑親屬繼承，因此子女輩全部拋棄時，孫輩始有繼承權。先順位均拋棄繼承時，由次順位繼承人繼承。無後順位繼承人時，其應繼分歸於配偶，配偶拋棄繼承時，其應繼分歸於同為繼承之人。

三、費用

聲明拋棄繼承應繳納費用新台幣 1,000 元 [33]。

33　臺灣新北地方法院法律廣告文宣。

肆、如何聲請民事強制執行

一、前提要件

1. 管轄：要執行的財產必須在本院轄區內，才可以向本院聲請強制執行。
2. 要提出執行名義的文件：
（一）判決書及確定證明書。
（二）准予假執行的判決。
（三）訴訟上成立的和解或調解。
（四）公證書（載明可以逕受強制執行者）。
（五）拍賣抵押物或質物的裁定書以及抵押權設定契約書、他項權利證明書、借據或本票、支票。
（六）其他依法律規定，可以強制執行的文件，如支付命令及其確定證明書。

二、程序

1. 要寫強制執行聲請狀：狀紙可向本院為民服務中心購買司法狀紙撰寫，這樣才合法。不能用十行紙或信紙撰寫送來。狀中一定要寫明債權人及債務人現在的居住所，使自己及債務人能收到通知，不要寫空的戶籍地住所。如果無法收到通知，還要進一步查明現在住居所，以便送達。狀中寫上債權人的電話更好，以便緊急聯繫使用。狀中要說明聲請強制執行的意旨以及債權數額。
2. 要附送執行名義的文件正本。
3. 繳納執行費：執行標的金額或價額，未滿新台幣 5,000 元者，免徵職行費；5,000 元以上者，每百元徵收八角（奉司法院 92 年 8 月 15 日（92）院台廳民一字第 21075 號函辦理，關於費用之徵收，計算至「元」為止，角以下免收）。
4. 上列手續辦好後，要將聲請狀，執行明義的文件、執行費收據，一起送到本院為民服務中心綜合受理收件。
5. 所要查封拍賣的債務人財產，其產權證明文件要附在聲請狀中提出來。
6. 查封以後，本院民事執行處會委託公司機關或民間法人團體鑑價。債權人要先繳

鑑價費用。鑑價費也是執行費之一,將來優先受償。債權人及債務人對於此項鑑價可以表示意見,但僅供司法事務官參考,司法事務官會酌量各種情況定底價。

7. 拍賣日期一定會事先公告於本院公告欄及刊登報紙或者司法院網路(www.judicial.gov.tw.)。刊登報紙必須債權人先出錢刊登,登報費也是執行費之一,將來優先受償。債權人最好刊登於銷路廣大的日報上,使更多人知道前來投標。

8. 拍賣時會公告底價及保證金。保證金在新台幣 10,000 元以上者,應以銀行法規定之銀錢業者所簽發,並以台灣各地銀行為付款人之本票、支票、匯票連同標單投入票櫃,由出價最高者得標。得標者必須在一星期內繳足價金,否則保證金要沒收,將來再開標時,低於此價,還要賠償差額。

9. 拍定後如果有優先購買權人,則暫緩繳款,要先詢問優先購買權人是否願意以此價款購買,如果願意,就必須由他購買,拍定人不能承購領回保證金。優先購買權人如果不願意承購,才由得標人承購。本院民事執行處才通知繳款。

三、債權人主導及協力

1. 民事強制執行的主導人是債權人,法院只是介入公權力,以完成保障債權人的財產權為目的。因此執行程序中,在需要債權人導引並協力。切勿以為法院應該包一切執行程序,置身事外。

2. 債權人所主導的主要事項為查報債務人財產及其使用狀況,如有無出租,出借情況,查封時要導引至現場,呈報債務人現址,如無法送達,要提出債務人戶籍謄本。

3. 外出執行時,本院執行人員一概乘坐本院的公務車,債權人不必另僱車輛或負擔交通費,債權人亦不得搭乘本院的公務車。

4. 在執行程序進行中,債務人只要與債權人和解,由債權人撤回執行,就可終結強制執行程序。如以書狀撤回者,應注意撤回狀上所蓋印章必須與原來強制執行聲請狀相同,否則應附送印鑑證明書或親自前來本院民事執行處聲請撤回,由書記官記明筆錄。

5. 不動產的拍賣,每股都將當天所要拍賣的案件,同時投標,且不限投入同一標櫃。任何人都不知道何人頭何標,標價若干。又當場開標,馬上決定各筆得標人,並當場投影標單,以昭公信[34]。

---

[34] 臺灣新北地方法院法律廣告文宣。

伍、如何辦理本票裁定

一、管轄法院：非訟事件法第 194 條規定，由票據付款地法院管轄。

　　（參考法條：票據法第 120 條第 4、5 項）

二、聲請費用：依非訟事件法第 13 條規定繳納。

　　參考法條

　　1. 票據法第 120 條第 4 項：本票未載發票地者，以發票人之營業所、住所或居所所在為發票地。

　　2. 票據法第 120 條第 5 項：未載付款地者，以發票地為付款地。

　　3. 非訟事件法第 13 條：因財產權關係為聲請者，按其標的之金額或價額，以新台幣依下列標準徵收費用。

　　（一）未滿 100,000 元者，500 元。

　　（二）100,000 元以上未滿 1,000,000 元者，1,000 元。

　　（三）1,000,000 元以上未滿 10,000,000 元者，2,000 元。

　　（四）10,000,000 元以上未滿 50,000,000 元者，3,000 元。

　　（五）50,000,000 元以上未滿 100,000,000 元者，4,000 元。

　　（六）100,000,000 元以上者，5,000 元。

三、如欲以郵寄方式聲請則內附匯票（抬頭為管轄法院，如台灣新北地方法院）[35]

---

[35]　臺灣新北地方法院法律廣告文宣。

陸、如何聲請支付命令

一、支付命令的意義

　　債權人對債務人的請求，如果是請求給付一定數量的金錢（如新台幣 100,000 元）、可代替物（如上等蓬萊米 100 公斤）或有價證　（如台灣水泥股份有限公司發行普通股每股面額新台幣 10 元 1,000 股的股票），可請求法院對債務人發支付命令，督促債務人在收到支付命令後 20 日內，向債權人清償並賠償程序費用。此種請求方法較通常訴訟程序簡便、迅速且其效果與缺定判決相同。

二、聲請支付命令的方法

（一）購買司法狀紙，繕寫支付命令聲請狀。

（二）聲請狀內應表明下列各款事項。

　　　1. 雙方當事人及法定代理人。

　　　2. 請求的標的及其數量。

　　　3. 請求的原因及事實，其有對待給付者，已履行之情形。

　　　4. 應發支付命令之陳述。

　　　5. 法院。

（三）應附具聲請狀繕本：

　　　1 式 5 份，多一債務人加收 1 份。（如列有法定代理人或訴訟代理人者，依人數再加收份數）

　　　注意：如果債權人需要對待給付尚未履行或須對國外送達或公示送達時，不得聲請發支命令。

三、支付命令的效力

（一）支付命令應送達給債務人，如果發支付命令後 3 個月內，不能送達給債務人時，支付命令失其效力。

（二）債務人對於支付命令之全部或一部，得於送達後 20 日之不變期間內，不附理由向發支付命令之法院提出異議。支付命令於異議範圍內失其效力，以債權人支付命令之聲請，視為起訴或聲請調解。（債務人得在調解成立或第一審言詞辯論終結前，撤回其異議。但應負擔調解程序費用或訴訟費用）。

（三）債務人如不於前述 20 日內提出異議，該支付命令與確定判決有同一效力。即如債務人不為清償，債權人可憑該支付命令及支付命令確定證明書，對債務人聲請強制執行，以滿足其債權。

四、管轄法院

（一）債務人為自然人者，由債務人住所地之法院管轄：債務人住所地之法院不能行使職權者，由其居所地之法院管轄。債務人在中華民國現無住所或其住所不明者，由其在中華民國之居所所在地之法院管轄。

（二）債務人為公法人者，由其公務所所在地之法院管轄。

（三）債務人為私法人或非法人團體者，由其主事務所或主營業所所在地之法院管轄。

（四）債務人為外國法人或非法人團體者，由其在中華民國之主事務所或主營業所所在地之法院管轄。

（五）債務人為設有事務所或營業所之人，關於其事務所或營業所之業務聲請支付命令者，由該事務所或營業所所在地之法院管轄。

（六）債務人為多數，而其住所不在同一法院管轄區域內，可由其中一債務人住所地之法院管轄 [36]。

---

[36]　臺灣新北地方法院法律廣告文宣。

柒、如何辦理汽（機）車繼承切結書認證

一、繼承人攜帶國民身分證、印章、被繼承人除戶全戶戶籍謄本、死亡證明書、行車執照、(倘行照遺失，則以車輛之原始車籍資料替代)，及切結書二份到場。

二、倘當事人不識字，須找 1 位年滿 20 歲識字之見證人攜帶身分證、印章，一同到場辦理。

三、認證費用 500 元。

四、未備事項，依最新相關法令辦理。

捌、如何辦理法人登記

一、法人登記，

　　係指將法人之成立及其有關登記之事項登載於主管機關之登記簿，使一般皆得知悉而言，我國民法第 30 條規定「法人非經向主管機關登記，不得成立。」係採登記要件主義，故不論財團或以公益為目的之法團法人，均以登記為成立條件。

二、登記之種類

(一) 設立登記：法人之設立，不僅應得目的事業主管機關之許可，且非經登記不得成立。

(二) 變更登記：法人登記後，以登記之事項有變更，如不為變更之登記者，不得以其事項對坑第三人。

（三）　解散登記：法人之解散，乃法人發生不能存續之事由，停止其積極活動以處理未了事務。其末了事務之處理，謂之清算，故法人之解散，僅係清算程序之開始，並非法人之消滅，即法人解散後清算完結前，在清算之必要範圍內，仍視為存續 (民法第 40 條第 2 項) 此解散後之法人，謂清算法人。

（四）　清算人任免或變更登記：法人解散後，必須經過清算程序，以處理其末之事務，於清算程序中，清算人如有增加、減少、變更時，應為清算人任免或變更登記。

（五）　清算終結登記：法人清算終結即清算人的職務業以處理完結而言，其法人資格從此消滅。法人登記自為清算終結之登記後，即行銷結。

三、聲請費用

（一）　設立登記應繳納聲請費新台幣 (下同)1,000 元、變更登記、解散登記、清算人任免或變更登記、清算終結登記應繳聲請費新台幣 500 元。

（二）　聲請交付法人印鑑證明書、聲請交付法人登記簿謄本、補發法人登記證書，每份徵收費用 200 元。

四、登記之聲請

（一）　登記時先向本院為民服務中心購買聲請書等件，逐欄詳細填寫 (各欄填寫說明詳附註)，由聲請人或其代理人簽名或蓋章，代理人並應附具加蓋法人印信即聲請人、代理人印章之委任書及其最近身分證明文件。

（二）　由聲請人或代理人檢具費用，聲請書及所需文件向法院登記處聲請登記。聲請法人登記之文書，如為影印本，應由提出人加註與原本無異及加蓋董事長章，並負同原本送登記處，核對無訛後發還。

（三）　聲請不合程式或有其他欠缺而可以補正者，法院會於收案後 3 日內酌定期間，命聲請人補正，並於補正後 3 日內登記完畢。逾時不補正者，駁回其聲請。聲請人如有不服，得於駁回聲請之處分正本送達後 10 日內生明異議。

　　　　登記處於登記之聲請，查有違反民法總則即非訟事件法者，應令其補正後，始行登記。

五、設立登記聲請要點

（一） 法人登記聲請書上之「登記種類」應視聲請人登記之種類，填入設立、變更、
解散、清算人任免或變更、清算終結簽字。

（二） 聲請登記之法人名稱上，應標明是財團法人或社團法人。

（三） 法人不得以其董事會或其它內部組織之名義，未其登記之名稱。

（四） 已存在之非法人團體，聲請為財團法人設立登記時，聲請登記之董事，指現
任董事而言，其財產以現有之財產為準。如原捐助章程所列財產以不存在者，
不得列入。

（五） 聲請法人登記之文書，如為影印本，應由提出人加註與原正本無異及加蓋董
事長章，並附同原本送登記處核對後，當場發還。

（六） 目的事業主管機關規定法人登記之文件，應經主管機關驗印而未驗印者，不
予登記。

（七） 設立登記附送之文件

1. 法人設立登記聲請書

(1) 聲請人應由全體董事簽名或蓋章，加蓋人印信，並提出該印經主管機關
製發或核備之證明文件。

(2) 社團法人聲請書，應依民法第 48 條第 1 項規定記載：

(A) 設立法人之目的。

(B) 法人之名稱。

(C) 主事務所及分事務所。

(D) 董事之姓名及住所。設有監察人者，其姓名及住所。

(E) 財產之總額。

(F) 受設立許可之年、月、日。

(G) 定有出資方法者，其方法。

(H) 定有代表法人之董事者，其姓名。

(I) 　定有存立時期者，其時期。

(3) 財團法人聲請書，應依民法第 61 條第 1 項規定記載：

(A) 設立法人之目的。

(B) 法人之名稱。

(C) 主事務所及分事務所。

(D) 財產之總額。(E) 受設立許可之年、月、日。

(F) 董事之姓名及住所。設有監察人者，其姓名及住所。

(G) 定有代表法人之董事者，其姓名。

(H) 定有存立時期者，其時期。

2. 目的事業主管機關核准法人設立之公函。

3. 捐助章程、遺囑或章程：

(1) 財團法人 - 應提出捐張程或遺囑原本 1 份。

(2) 捐助章程應記載事項如左：

(A) 法人名稱。

(B) 法人設立目的。

(C) 主事務所地址。設有分事務所者，分事務所地址。

(D) 捐助人姓名及全體捐助人所捐助財產總額。

(E) 董事人數、任期及任免，設有監察人 (或監視，以下均稱監事) 者，其人數、任期或任免。

(F) 代表法人之董事 (如規定由董事長對外代表法人)。(G) 捐助財產之管理方法。

(H) 訂立章程之年、月、日。

(3) 社團法人 - 應提出章程原本 1 份。

章程應記載事項如左：

(A) 法人名稱。

(B) 設立法人之目的。

(C) 董事之人數、任期及任免，設有監事者，其人數、任期及任免。

(D) 代表法人之董事。

(E) 社員總會召集之條件、程序及其決議正名之方法。

(F) 社員之出資。

(G) 社員資格之取得與喪失。

(H) 訂立章程之年、月、日。

(4) 捐助章程或章程均不得有左列記載：

(A) 以法人收益之全部或一部歸屬於特定之私人或營利團體。

(B) 法人解散時，其騰餘財產歸屬於特定之私人或營利團體。

(C) 財團法人捐助人或其子孫永為該法人之董事。

(D) 社團法人允許設員或受益人之繼承人繼承其權益。

(E) 財團法人設置信徒大會、社員大會或類似組織。

(F) 其他顯然不以公益為目的之事項。

4. 選任董監事、常務董監事、董事長之會議記錄 (董監事等之選任人數、選任方是均應符合捐助章程或章程之規定)。

5. 董、監事就任同意書原本 (應載明就任之屆別，就任年、月、日)。

6. 目的事業主管機關准許選任前述董監事、常務董監事、董事長備案之公函 (選任董監事、常務董監事或董事長之會議記錄經目的事業主管機關加蓋關防者，得免提出此公函)。

7. 全體董監事名冊。各該名冊均應載明董監事之職別 (即擔任董事長、常務董事或董監事)、姓名、性別、出生年、月、日、學經歷、戶籍登記簿所載之住居所。

8. 法人印鑑及董監事之簽名或印鑑各 2 份

    (1) 法人印鑑應以主管機關依印信條例製發或核備之印信為準，其印文應與法人名稱相符，部以標明法人類別必要。

    (2) 董監是留存登記處之簽名或印鑑，應與聲請書、董監是就任董監事同意書上所用印件相符，以後辦理變更登記，仍應用同事之簽名式或印鑑)。

9. 董、監事國民身分證影本或戶籍謄本 1 份 (董、監事本人之部分謄本即可，如無戶籍，應提出有關機關核發之證明，如外僑居留證等)。

10. 財團法人捐助人捐助承諾書 (社團法人毋庸提出)。

11. 財團法人應提出捐助人名冊 (載明捐助人姓名、所捐財產之總類及金額)。社團法人應提出會員名冊。

12. 財產目錄 1 份：

    (1) 分別種類、名稱、單位、數量、新台幣之價值、附註等欄，最後一行，列明合計。

    (2) 不動產應逐筆撰明土地之坐落地號、地目、面積 (公頃)、價值、建物之坐落地號、門牌號、構造、建坪、價值，並應附送所有權狀正本、影印本，核對後正本發還。

    (3) 未取得所有權者，可提出建築執照、使用執照或係買賣或租契約書正本、影印本，核對後正本發還。

    (4) 捐助人捐贈之財產或係以個人代表法人買受之財產，應由該捐助人或為

代表之個人，出具捐助財產承諾書或係其代表法人買受之財產承諾書，均應敘明俟法人核准登記時，即將財產移轉登記為法人所有之內容。

    (5) 法人再設立登記前已取得而應為登記之動產或權利，例如汽車、電話、記名股票等如非法人名義者，仍應於取得法人資格後，變更登記為法人名義，如為存款，應提出銀行存單或存摺正本，或銀行之存款證明書、影印本 (核對後正本發還)。

13. 財團法人私立學校之設立、變更登記，應由主管教育行政機關核轉法院辦理。其他財團法人或公益性之社團法人之登記，由聲請人於目的事業主管機關核准後，由聲請人逕向法院聲請辦理。

14. 委任代理人者，應加具委任書，由聲請人及其代理人簽名或蓋章，並加蓋法人印信。

15. 法人事務所所在地之見物非法人所有者，應加具可合法使用之證明文件。

六、變更登記聲請要點：

（一）法人因處分不動產，減少財產總額，任免董事而為變更登記時，其聲請書應由現任董事半數以上簽名或蓋章，並加蓋法人印信。

（二）財團法人之捐助章程或遺屬有左列是由之一者，應依民法第 62 條、第 63 條及第 65 條等規定，聲請法院或主管機關為必要處分或變更後，再具以聲請變更登記。

  1. 捐助章程或遺屬所定之組織不完全或重要之管理方法不具備。

  2. 為維持財團之目的或保持其財產，而變更其組織。

  3. 因情勢變更智財產之目的不能達到，而變更其目的及其必要之組織。

（三）修訂財團法人捐助章程，聲請法院民事庭為必要處分。

  1. 應由利害關係人 (如法人之董事長) 具狀聲請民事庭為必要處分。不得以財團法人名義聲請。

  2. 應繳聲請費 1,000 元。

  3. 應檢附之文件：

    (1) 聲請狀 (請以一般司法撰寫，並載明財團法人之捐助章程或遺屬有前述應修訂之事由，及其聲請法院為必要處分之意旨)。

    (2) 研議修訂捐助章程之董事會議紀錄。

(3)　新、舊捐助章程或遺屬各一份 (請註明訂立日期、修訂日期)。

(4)　修訂前後條文對照表。5. 法院所核發之原法人登記證書影本。

（四）　社團法人為自律法人，故其章程之修訂，毋庸聲請法院為必要處分，惟應由會員大會決議修訂，並送請目的事業主管機關核准後，向法院聲請辦理法人章程變更登記。

（五）　變更登記附送之文件：

1. 聲請財產變更登記者：

(1)　法人變更登記聲請書。

(2)　目的事業主管機關核准財產更之公函影本。

(3)　同意處分或變更財產之董事會議紀錄。

(4)　財產變更清冊、原有財產清冊、新增財產清冊及減少財產清冊。

(5)　財團法人之捐助章程、遺屬或社團法人之章程影本 1 份。

(6)　原法人登記證書原本。

(7)　財產證文件。

2. 聲請董監事變更登記者：

(1)　法人變更登記聲請書。

(2)　改選董監事、常務董監事或董事長之會議記錄。

(3)　目的事業主管機關准許前述改選之公函。

(4)　新任董監事就任同意書原本 (載明願就任之屆別，就任年、月、日)。

(5)　新任董監事名冊。

(6)　新任董監事印鑑卡原本 2 份。

(7)　新任董監事之國民身份證影本或戶籍謄本。

(8)　財團法人之捐助章程、遺屬或社團法人之章程影本 1 份。

(9)　原法人登記證書原本。

(10) 新任董事縱係由前任董監事全體連任，亦應辦理法人變更登記，並於法人登記聲請書變更事項欄載明原任為第幾屆董監事，新任為第幾屆董監事。

(11) 新任董監事中，如有由前任董監事連任者，該董監事仍應提出新任屆別之就任同意書，但得不再提出印鑑卡，僅須使用原留存於法院印鑑卡之印章加蓋於法人登記聲請書及就任同意書等文件即可。

(12) 連任之董監事住居所不變者，得毋庸再提出戶籍謄本，但如遷移新址，

　　　　　　與原法人登記證書上所載之住居不同者，則仍應提出國民身份證影本或戶籍謄本等其他證明文件。

　　3. 聲請社團法人章程變更登記者 (財團法人章程變更登記，除依本要點第三點規定法院為裁定，應提出該確定之裁定外，餘與社團法人變更同)。

　　　　(1) 法人變更登記聲請書。

　　　　(2) 修訂章程之會員大會會議記錄。

　　　　(3) 目的事業主管機關許可之公函。

　　　　(4) 新舊章程各 1 份 (請註明訂立日期、修訂日期)。

　　　　(5) 章程修訂前後對照表。

　　　　(6) 原法人登記證書原本。

　　4. 聲請其他變更登記者：

　　　　除提出法人變更登記之聲請書外，並應附送聲請變更事由之有關證明文件。

（六）變更登記之聲請書均應記載原已登記之事項，變更登記之內容，決定變更登記之程序與日期。

（七）解散登記聲請要點：

　　1. 法人為解散之登記，由清算人聲請之。

　　2. 解散登記附送文件：

　　3. 法人解散登記聲請書：

　　　　(1) 聲請書應由清算人簽名或蓋章，並加蓋法人印信。

　　　　(2) 聲請書應記載解散之原因，可決之程序與日期，清算人之姓名，住所。

　　4. 證明解散事由之文件。

　　5. 清算人資格證明文件 (選任清算人之會議記錄即清算人之國民身份證影本或戶籍謄本)。

　　6. 目的事業主管機關核准解散之公函影本。

（八）清算人任免或變更登記聲請要點：

　　1. 清算人任免或變更登記，由現任清算人聲請之。

　　2. 聲請清算人任免或變更登記附送之文件：

　　　　(1) 法人清算人任免或變更登記聲請書 (應記載清算人任免或決定變更之程序、新任清算人之姓名與住所，由現任清算人簽名或蓋章，並加蓋法人印信)。

　　　　(2) 決議任免、或變更清算人之會議記錄。

(3) 現任清算人就任同意書 (應記載其願就任之意思、清算人之姓名與住所、就任日期並附戶籍謄本 1 份)。

(4) 清算人就任後所造具之資產負債表、財產目錄。

(5) 前項資產負債表及財產目錄經承認之證明文件。

(6) 原法人登記證書影本。

（九） 清算終結登記聲請要點：

1. 清算終結登記，應由清算人聲請之。

2. 聲請清算終結登記附送之文件：

(1) 法人清算終結登記聲請書 (應記載民法第 40 條第 1 項所定清算人職務執行之情形與清算終結之日期，並由清算人簽名或蓋章)。

(2) 清算後之資產負債表及財產目錄。

(3) 法人於清算債務後，其騰於財產業經依章程之規定處理或已歸屬於法人事務所所在地之地方自治團體之證明文件。

(4) 清算各項已得承認之證明文件。

(5) 原法人登記證書原本。

（十） 登記之公告

登記之公告，應由聲請人於收受公告附本後 3 日內登載於當地新聞指 1 日以上，並應將所登記之報紙 1 份送院憑查。其經更正，撤銷或註銷確定者，亦同。

玖、如何辦理公司清算登記

一、 公司有下列各款情事之一者，應行清算：

（一） 章程所定解散是由。

（二） 公司所營事業已成就或不能成就。

（三） 股東同意解散：

1. 無限公司、兩合公司、有限公司；應經全體股東同意。

2. 股份有限公司：由代表已發行股份總數三分之二以上股東出席股東會，並

以出席股東表決權過半數同意，決議解散。

（四） 股東變動，不足公司法定之最低人數。

（五） 經主管機關命令解散。

（六） 經法院裁判解散。

（七） 兩合公司經無限責任或有限責任股東全體退股。

（八） 股份有限公司經分割。

二、 清算登記：

1. 呈報清算人：

(1) 聲請人：應由清算人於就任後 15 日內，將其姓名、住所或居所就任日期項法院 (民事庭) 聲報。

(2) 應徵費用：聲請人費新臺幣 (以下同)1,000 元。

(3) 應檢附文件：

(A) 聲請狀 (請以一般司法狀紙撰寫)

(B) 目的事業主管機關核准或命令解散之公函。

(C) 經濟部、建設局之公司設立變更登記資料卡。

(D) 股東名冊 (請載明股東姓名、所持股數或出資額)

(E) 無限公司、有限公司以全體股東為清算人；兩合公司以全體無限責任股東為清算人；股份有限公司以董事為清算人，惟公司章程或股東決議另選清算人者，不在此限 (如經骨董或股東會決議另選清算人者，應提出股東會議紀錄。)

(F) 清算人就認同意書 (請載明清算人願就任之意思，清算人姓名及住居所、就任日期。)

(G) 清算人就任後所造具之資產負債表、財產目錄。

(H) 前述資產負債表及財產目錄，送經監察人審查通過之證明文件 (僅清查對象為股份有限公司時應提出)

(I) 前述拽表及財產目錄，經提股東會承認之證明文件。(無限公司、有限公司、兩合公司之清算人應於清單完結後 15 日內，造具算表冊送交各股東請求其確認。)

(J) 清算人就任後，3 次以上餘日報之顯著部分刊登公告，催告債權人於 3

個月內申報債權人之證明文件，(無限公司、有限公司、兩合公司之清算人就任後，1 次以上於日報之顯著部分刊登公告，催告債權人申報債權之證明文件。)

2. 清算完結：

(1) 清算期限：清算人應於就任後 6 個月內完結清算，不能於 6 個月內完結清算時，清算人得身恤理由，聲請法院展期。

(2) 聲報人：應由清算人於清算完結，相關表冊經股東或股東會承認後 15 內，向法院聲報。

（三）應檢附文件：

(1) 聲請狀 (請以一般司法狀撰寫)

(2) 清算人所造具之清算期間收支表、損益表及清算後資產負債表、財產目錄。(收支表須詳列清算期間內之各項收入與支出，支出部分應將清償債權人之債務，繳納積欠稅捐等項目一一列明。如已繳納積欠之稅捐，並應提出納稅之證明文件)

(3) 察人審查前述不策之證明文件 (錦清算對項為股份有限公司應提出。)

(4) 述簿冊於監察人審查後，題經股東或股東會承認之證明文件。

(5) 所得稅法第 75 條，所得稅法施行細則第 64 條辦理之清算所得申報書 (須附稅捐稽徵機關之收據。)

(6) 賸餘財產分配表。

拾、如何辦理單身宣示書認證：

一、須當事人本人親自到場。

二、必備證件：

1. 身分證 (辦理英文宣誓書者，並帶護照)、印章。
2. 最近戶籍謄本 [大陸地區使用須同 1 日 1 式 5 份 (包括法院留存 1 份，代轉 2 份至海基會，以備驗證。當事人帶回 2 份。) 其他地區以當事人己需要用份數 加 1 份給法院留存為準。]
3. 宣誓書 (份數同上述之戶籍謄本)。
4. 當事人欲至大陸或越南結婚而曾經離婚或配偶過世者，另備原受理離婚或死亡 登記之戶政事務所發給，原始離婚文書或死亡證明書抄本五份。
5. 大陸地區特別要求之其他文件，請當事人先行確認後，亦準備同 1 日 1 式 5 份。
6. 大陸用戶謄本，以現戶籍地核發者較妥。

三、欲至大陸結婚，並已確定結婚對象者，將對方個人資料 (姓名、生日、身分證 號碼…帶來)，加辦無血親關係聲明書。

四、倘當事人不識字時，須找一位年滿 20 歲識字之見證人攜帶身分證、印章一同到 場辦理。

五、認證費用：中文宣誓書 500 元。英文宣誓書 750 元。中文無血親關係聲明書 500 元。

六、公元或西元年即是民國年加 1911，例如：(61+1911=1972) 民國 61 年加 1911 年等於公元 1972 年。

七、宣誓書文件排列順序：

　　1. 宣誓書 1 份。

　　2. 戶籍謄本 1 份。

　　3. 離婚文書或死亡證明書抄本 1 份。

八、未備事項，依最新相關法令辦理。

拾壹、如何聲請公證結婚預約登記

一、登記日期應在您選定結婚日子之前 5 個工作日 (辦理預約手續即結婚當日不算日工作日) 以上，由 1 人攜帶資料前來填寫公證請求書辦理預約登記。

二、結婚典禮之場次，一般周一至周五之上班日，為上午 10 時及下午 2 時，各有一場次。經排定之不分假日，則為上午 10 時。

三、預約時攜帶男女雙方即 2 位證人之國民身分證正本 (並攜帶影本附卷) 及印章，結婚人及證人皆須年滿 20 歲，並於結婚日親自到場。

四、結婚人若是男年滿 18 歲，女年滿 16 歲但未滿 20 歲之未成年人，須加帶父母雙方之國民身分證正本 (並備影本附卷) 及印章，結婚日父母亦須親自到場。

五、結婚人若是外國人或華僑，除護照正本 (並備影本附卷) 外，應攜帶該外國或僑居地政府機關 3 個月內所出具之單身證明書，該單身證明書應經我國外交部駐外單位驗證後，再送中華民國外交部領事事務局覆驗。(如單身證明書係英文以外之外文者，其中文譯本，亦須同上驗證。)

六、公證結婚費用新臺幣 1,000 元須英文證書者，費用新臺幣 1,400 元，預約登記時並攜帶護照影本及英文地址。經商得公證人同意，於假日舉行者，費用新臺幣 1,500 元，須英文證書者，新臺幣 1,900 元。

七、公證結婚當日注意事項：

（一）　結婚人（未成年人，並包括其他法定代理人父母雙方）及證人均應攜帶國民身分證正本及印章親自到場。

（二）　結婚人是否穿著禮服皆可，但應服裝整齊。參加婚禮者亦應服裝整齊。

（三）　於所訂婚結婚時間前 30 分鐘辦理報到。

（四）　結婚儀式完畢，交付結婚公證書 3 份，其中 1 份應儘速帶至戶政事務所供辦結婚登記。

八、未備事項，依最新相關法令辦理。

九、97 年 5 月 23 日後之公證結婚説明：

（一）　自 97 年 5 月 23 日起民法第 982 條修正改採登記婚歸如下：

結婚應以書面為之，有二人以上證人之簽名，並由雙方當事人項戶政機關為結婚之登記。

（二）　配合民法第 982 條修正之規定，民眾得請求公證結婚書面或一併請求舉行結婚儀式。

但請注意不論辦理書面或書面加儀式之公證結婚，在未向戶政機關辦理結婚登記前，結婚均尚未生效，並以戶政機關辦妥結婚登記日為結婚日。

（三）　地方法院公證處之公證結婚儀式系集團舉行。

（四）　結婚當事人擬於同日辦理結婚事件公證及戶政機關結婚登記者，請注意戶籍所在地之戶政機關有無辦公或辦公時間是否充分。

拾貳、如何辦理收養子女之認可

一、什麼是收養

收養是將沒有血緣關係的孩子當作自己的孩子養育，並且在法律上發生父母子女關係的法律行為。收養的方式及要件，依照民法第 1073 條以下規定，必須以書面為之，而且有年齡相距 20 歲以上等等要件上的限制。收養還必須向法院聲請認可後，才發生效力。

二、如何辦理收養認可

（一） 前提：(被收養人為未成年人)

新修正兒童及少年福利與權利保障法第 16 條規定，父母或監護人因故無法對其兒童及少年盡扶養義務而擬予出養時，除了近親收養或夫妻一方收養他方子女以外，應委託收出養媒合服務者代覓適當之收養人，不可私下接觸達成收出養之合意。收出養媒合服務者會幫忙做出養必要性評估、收養人評估、適當之輔導及協助等收出養服務。此部分可洽內政部兒童局、各縣市政府社會局或收出養媒合服務者。

1. 程序：

2. 向有管轄的法院聲請：依照家事事件法第 114 條規定，收養必須向收養人或被收養人住所地方法院聲請認可，如果收養人在中華民國境內無住所時，必須向被收養人住所地法院聲請認可。

（二） 聲請書狀：

以收養人與被收養人為聲請人，提出書狀附具下列文件。相關書狀可向管轄法院服務中心購買或至司法院網站 (https://www.judicial.gov.tw/index.asp)- 便民服務 - 書狀範例下載書狀書寫。

（三） 聲請認可時應附具的文件：(參照家事事件法第 115 條)

(1) 收養契約書。

(2) 收養人及被收養人之國民身分證、戶籍謄本、護照或其他身分證明文件。

（四） 聲請認可時，宜附具下列文件：

(1) 被收養人為未成年人時，收養人之職業、健康及有關資力之證明文件。

(2) 夫妻之一方被收養時，他方之同意書。但他方不能為意思表示或生死不明已逾三年者，不在此限。(民法第 1076 條但書之明文規定)

(3) 經公證之被收養人父母之同意書。但有民法第 1076 條之 1 第 1 項但書、第 2 項但書或第 1076 之 2 第 3 項情形者，不在此限。

(4) 收養人或被收養人為外國人時，收養符合其本國法之證明文件。

(5) 經收出養媒合服務者為訪視調查，其收出養評估報告。

(6) 上述文件如果是在我國境外作成的，應經當地中華民國駐外機構認證或證明；如是外文，並應添具中文譯本。

(7) 取得法院認可收養裁定以及確認證明後，應至戶籍機關辦理戶籍登記。

（五） 相關參考法規：民法第 1072 條以下、兒童及少年福利與權益保障法第 15 條以下、家事事件法第 114 條以下。

（A） 民法：

第 1072 條： 收養他人之子女為子女時，其收養者為養父或養母，被收養者為養子或養女。

第 1073 條： 收養者之年齡，應長於被收養者二十歲以上。但夫妻共同收養時，夫妻之一方長於被收養者二十歲以上，而他方僅長於被收養者十六歲以上，亦得收養。

夫妻之一方收養他方之子女時，應長於被收養者十六歲以上。

第 1073-1 條：下列親屬不得收養為養子女：

一、直系血親。

二、直系姻親。但夫妻之一方，收養他方之子女者，不在此限。

三、旁系血親在六親等以內及旁系姻親在五親等以內，輩分不相當者。

第 1074 條： 夫妻收養子女時，應共同為之。但有下列各款情形之一者，得單獨收養：

一、夫妻之一方收養他方之子女。

二、夫妻之一方不能為意思表示或生死不明已逾三年。

第 1075 條： 除夫妻共同收養外，一人不得同時為二人之養子女。

第 1076 條： 夫妻之一方被收養時，應得他方之同意。但他方不能為意思表示或生死不明已逾三年者，不在此限。

第 1076-1 條： 子女被收養時，應得其父母之同意。但有下列各款情形之一者，不在此限：

一、父母之一方或雙方對子女未盡保護教養義務或有其他顯然不利子女之情事而拒絕同意。

二、父母之一方或雙方事實上不能為意思表示。

　　前項同意應作成書面並經公證。但已向法院聲請收養認可者，得以言詞向法院表示並記明筆錄代之。

　　第一項之同意，不得附條件或期限。

第 1076-2 條：　被收養者未滿七歲時，應由其法定代理人代為並代受意思表示。

　　滿七歲以上之未成年人被收養時，應得其法定代理人之同意。

　　被收養者之父母已依前二項規定以法定代理人之身分代為並代受意思表示或為同意時，得免依前條規定為同意。

第 1077 條：　養子女與養父母及其親屬間之關係，除法律另有規定外，與婚生子女同。

　　養子女與本生父母及其親屬間之權利義務，於收養關係存續中停止之。但夫妻之一方收養他方之子女時，他方與其子女之權利義務，不因收養而受影響。

　　收養者收養子女後，與養子女之本生父或母結婚時，養子女回復與本生父或母及其親屬間之權利義務。但第三人已取得之權利，不受影響。

　　養子女於收養認可時已有直系血親卑親屬者，收養之效力僅及於其未成年且未結婚之直系血親卑親屬。但收養認可前，其已成年或已結婚之直系血親卑親屬表示同意者，不在此限。

　　前項同意，準用第一千零七十六條之一第二項及第三項之規定。

第 1078 條：　養子女從收養者之姓或維持原來之姓。

　　夫妻共同收養子女時，於收養登記前，應以書面約定養子女從養父姓、養母姓或維持原來之姓。

　　第一千零五十九條第二項至第五項之規定，於收養之情形準用之。

第 1079 條：　收養應以書面為之，並向法院聲請認可。

　　收養有無效、得撤銷之原因或違反其他法律規定者，法院應不予認可。

第 1079-1 條：　法院為未成年人被收養之認可時，應依養子女最佳利益為之。

第 1079-2 條：　被收養者為成年人而有下列各款情形之一者，法院應不予收養之認可：

一、意圖以收養免除法定義務。

二、依其情形，足認收養於其本生父母不利。

三、有其他重大事由，足認違反收養目的。

第 1079-3 條：　收養自法院認可裁定確定時，溯及於收養契約成立時發生效力。但第

　　　　　　　三人已取得之權利，不受影響。

第 1079-4 條：收養子女，違反第 1073 條、第 1073 條之 1、第 1075 條、第 1076 條之 1、第 1076 條之 2 第 1 項或第 1079 條第 1 項之規定者，無效。

第 1079-5 條：收養子女，違反第 1074 條之規定者，收養者之配偶得請求法院撤銷之。但自知悉其事實之日起，已逾六個月，或自法院認可之日起已逾一年者，不得請求撤銷。

　　　　　　　收養子女，違反第 1076 條或第 1076 條之 2 第 2 項之規定者，被收養者之配偶或法定代理人得請求法院撤銷之。但自知悉其事實之日起，已逾六個月，或自法院認可之日起已逾一年者，不得請求撤銷。

　　　　　　　依前二項之規定，經法院判決撤銷收養者，準用第 1082 條及第 1083 條之規定。

第 1080 條：養父母與養子女之關係，得由雙方合意終止之。

　　　　　　　前項終止，應以書面為之。養子女為未成年人者，並應向法院聲請認可。

　　　　　　　法院依前項規定為認可時，應依養子女最佳利益為之。

　　　　　　　養子女為未成年人者，終止收養自法院認可裁定確定時發生效力。

　　　　　　　養子女未滿七歲者，其終止收養關係之意思表示，由收養終止後為其法定代理人之人為之。

　　　　　　　養子女為滿七歲以上之未成年人者，其終止收養關係，應得收養終止後為其法定代理人之人之同意。

　　　　　　　夫妻共同收養子女者，其合意終止收養應共同為之。但有下列情形之一者，得單獨終止：

　　　　　　　一、夫妻之一方不能為意思表示或生死不明已逾三年。

　　　　　　　二、夫妻之一方於收養後死亡。

　　　　　　　三、夫妻離婚。

　　　　　　　夫妻之一方依前項但書規定單獨終止收養者，其效力不及於他方。

第 1080-1 條：養父母死亡後，養子女得聲請法院許可終止收養。

　　　　　　　養子女未滿七歲者，由收養終止後為其法定代理人之人向法院聲請許可。

　　　　　　　養子女為滿七歲以上之未成年人者，其終止收養之聲請，應得收養終止後為其法定代理人之人之同意。

法院認終止收養顯失公平者，得不許可之。

第 1080-2 條：　終止收養，違反第 1080 條第 2 項、第 5 項或第 1080 條之 1 第 2 項規定者，無效。

第 1080-3 條：　終止收養，違反第 1080 條第 7 項之規定者，終止收養者之配偶得請求法院撤銷之。但自知悉其事實之日起，已逾六個月，或自法院認可之日起已逾一年者，不得請求撤銷。

終止收養，違反第 1080 條第 6 項或第 1080 條之 1 第 3 項之規定者，終止收養後被收養者之法定代理人得請求法院撤銷之。但自知悉其事實之日起，已逾六個月，或自法院許可之日起已逾一年者，不得請求撤銷。

第 1081 條：　養父母、養子女之一方，有下列各款情形之一者，法院得依他方、主管機關或利害關係人之請求，宣告終止其收養關係：

一、對於他方為虐待或重大侮辱。

二、遺棄他方。

三、因故意犯罪，受二年有期徒刑以上之刑之裁判確定而未受緩刑宣告。

四、有其他重大事由難以維持收養關係。

養子女為未成年人者，法院宣告終止收養關係時，應依養子女最佳利益為之。

第 1082 條：　因收養關係終止而生活陷於困難者，得請求他方給與相當之金額。但其請求顯失公平者，得減輕或免除之。

第 1083 條：　養子女及收養效力所及之直系血親卑親屬，自收養關係終止時起，回復其本姓，並回復其與本生父母及其親屬間之權利義務。但第三人已取得之權利，不受影響。

第 1083-1 條：　法院依第 1059 條第 5 項、第 1059 條之 1 第 2 項、第 1078 條第 3 項、第 1079 條之 1、第 1080 條第 3 項或第 1081 條第 2 項規定為裁判時，準用第 1055 條之 1 之規定。

第 1084 條：　子女應孝敬父母。

父母對於未成年之子女，有保護及教養之權利義務。

第 1085 條：　父母得於必要範圍內懲戒其子女。

第 1086 條：　父母為其未成年子女之法定代理人。

父母之行為與未成年子女之利益相反，依法不得代理時，法院得依父母、未成年子女、主管機關、社會福利機構或其他利害關係人之聲請或依職權，為子女選任特別代理人。

第 1087 條： 未成年子女，因繼承、贈與或其他無償取得之財產，為其特有財產。

第 1088 條： 未成年子女之特有財產，由父母共同管理。

父母對於未成年子女之特有財產，有使用、收益之權。但非為子女之利益，不得處分之。

第 1089 條： 對於未成年子女之權利義務，除法律另有規定外，由父母共同行使或負擔之。父母之一方不能行使權利時，由他方行使之。父母不能共同負擔義務時，由有能力者負擔之。

父母對於未成年子女重大事項權利之行使意思不一致時，得請求法院依子女之最佳利益酌定之。

法院為前項裁判前，應聽取未成年子女、主管機關或社會福利機構之意見。

第 1089-1 條： 父母不繼續共同生活達六個月以上時，關於未成年子女權利義務之行使或負擔，準用第 1055 條、第 1055 條之 1 及第 1055 條之 2 之規定。但父母有不能同居之正當理由或法律另有規定者，不在此限。

第 1090 條： 父母之一方濫用其對於子女之權利時，法院得依他方、未成年子女、主管機關、社會福利機構或其他利害關係人之請求或依職權，為子女之利益，宣告停止其權利之全部或一部。

(B) 兒童及少年福利與權益保障法：

第 15 條： 從事收出養媒合服務，以經主管機關許可之財團法人、公私立兒童及少年安置、教養機構（以下統稱收出養媒合服務者）為限。

收出養媒合服務者應評估並安排收養人與兒童、少年先行共同生活或漸進式接觸。

收出養媒合服務者從事收出養媒合服務，得向收養人收取服務費用。

第一項收出養媒合服務者之資格條件、申請程序、許可之發給、撤銷與廢止許可、服務範圍、業務檢查與其管理、停業、歇業、復業、第 2 項之服務、前項之收費項目、基準及其他應遵行事項之辦法，由中央主管

機關定之。

第 16 條： 父母或監護人因故無法對其兒童及少年盡扶養義務而擬予出養時，應委託收出養媒合服務者代覓適當之收養人。但下列情形之出養，不在此限：

一、旁系血親在六親等以內及旁系姻親在五親等以內，輩分相當。

二、夫妻之一方收養他方子女。

前項收出養媒合服務者於接受委託後，應先為出養必要性之訪視調查，並作成評估報告；評估有出養必要者，應即進行收養人之評估，並提供適當之輔導及協助等收出養服務相關措施；經評估不宜出養者，應即提供或轉介相關福利服務。

第 1 項出養，以國內收養人優先收養為原則。

第 17 條： 聲請法院認可兒童及少年之收養，除有前條第一項但書規定情形者外，應檢附前條第二項之收出養評估報告。未檢附者，法院應定期間命其補正；

逾期不補正者，應不予受理。

法院認可兒童及少年之收養前，得採行下列措施，供決定認可之參考：

一、命直轄市、縣（市）主管機關、兒童及少年福利機構、其他適當之團體或專業人員進行訪視，提出訪視報告及建議。

二、命收養人與兒童及少年先行共同生活一段期間；共同生活期間，對於兒童及少年權利義務之行使或負擔，由收養人為之。

三、命收養人接受親職準備教育課程、精神鑑定、藥、酒癮檢測或其他維護兒童及少年最佳利益之必要事項；其費用，由收養人自行負擔。

四、命直轄市、縣（市）主管機關調查被遺棄兒童及少年身分資料。

依前項第一款規定進行訪視者，應評估出養之必要性，並給予必要之協助；其無出養之必要者，應建議法院不為收養之認可。

收養人或收養事件之利害關係人亦得提出相關資料或證據，供法院斟酌。

第 18 條： 父母對於兒童及少年出養之意見不一致，或一方所在不明時，父母之一方仍可向法院聲請認可。經法院調查認為收養乃符合兒童及少年之最佳利益時，應予認可。

法院認可或駁回兒童及少年收養之聲請時，應以書面通知直轄市、縣（市）主管機關，直轄市、縣（市）主管機關應為必要之訪視或其他處置，並作成紀錄。

第 19 條： 收養兒童及少年經法院認可者，收養關係溯及於收養書面契約成立時發生效力；無書面契約者，以向法院聲請時為收養關係成立之時；有試行收養之情形者，收養關係溯及於開始共同生活時發生效力。

聲請認可收養後，法院裁定前，兒童及少年死亡者，聲請程序終結。收養人死亡者，法院應命直轄市、縣（市）主管機關、兒童及少年福利機構、其他適當之團體或專業人員為評估，並提出報告及建議，法院認收養於兒童及少年有利益時，仍得為認可收養之裁定，其效力依前項之規定。

第 20 條： 養父母對養子女有下列行為之一者，養子女、利害關係人或主管機關得向法院請求宣告終止其收養關係：

一、有第 49 條各款所定行為之一。

二、違反第 43 條第 2 項或第 47 條第 2 項規定，情節重大。

第 21 條： 中央主管機關應保存出養人、收養人及被收養兒童及少年之身分、健康等相關資訊之檔案。

收出養媒合服務者及經法院交查之直轄市、縣（市）主管機關、兒童及少年福利機構、其他適當之團體或專業人員，應定期將前項收出養相關資訊提供中央主管機關保存。

辦理收出養業務、資訊保存或其他相關事項之人員，對於第 1 項資訊，應妥善維護當事人之隱私，除法律另有規定外，應予保密。

第 1 項資訊之範圍、來源、管理及使用辦法，由中央主管機關定之。

第 21-1 條： 主管機關應對被收養兒童及少年、出養人、收養人及其他利害關係人提供尋親服務，必要時得請求戶政、警政或其他相關機關或機構協助，受請求之機關或機構應予配合。

主管機關得依被收養兒童及少年、出養人、收養人或其他利害關係人之請求，提供心理、醫療、法律及其他相關諮詢轉介服務。

第 22 條： 主管機關應會同戶政、移民主管機關協助未辦理戶籍登記、無國籍或未取得居留、定居許可之兒童、少年依法辦理有關戶籍登記、歸化、居留或定居等相關事項。

前項兒童、少年於戶籍登記完成前或未取得居留、定居許可前，其社會福利服務、醫療照顧、就學權益等事項，應依法予以保障。

第 43 條： 兒童及少年不得為下列行為：

一、吸菸、飲酒、嚼檳榔。

二、施用毒品、非法施用管制藥品或其他有害身心健康之物質。

三、觀看、閱覽、收聽或使用有害其身心健康之暴力、血腥、色情、猥褻、賭博之出版品、圖畫、錄影節目帶、影片、光碟、磁片、電子訊號、遊戲軟體、網際網路內容或其他物品。

四、在道路上競駛、競技或以蛇行等危險方式駕車或參與其行為。

五、超過合理時間持續使用電子類產品，致有害身心健康。

父母、監護人或其他實際照顧兒童及少年之人，應禁止兒童及少年為前項各款行為。

任何人均不得販賣、交付或供應第 1 項第 1 款至第 3 款之物質、物品予兒童及少年。

任何人均不得對兒童及少年散布或播送第 1 項第 3 款之內容或物品。

第 47 條：　兒童及少年不得出入酒家、特種咖啡茶室、成人用品零售店、限制級電子遊戲場及其他涉及賭博、色情、暴力等經主管機關認定足以危害其身心健康之場所。

父母、監護人或其他實際照顧兒童及少年之人，應禁止兒童及少年出入前項場所。

第一項場所之負責人及從業人員應拒絕兒童及少年進入。

第 1 項之場所應距離幼兒園、國民中小學、高中、職校 200 公尺以上，並檢附證明文件，經商業登記主管機關登記後，始得營業。

第 49 條：　任何人對於兒童及少年不得有下列行為：

一、遺棄。

二、身心虐待。

三、利用兒童及少年從事有害健康等危害性活動或欺騙之行為。

四、利用身心障礙或特殊形體兒童及少年供人參觀。

五、利用兒童及少年行乞。

六、剝奪或妨礙兒童及少年接受國民教育之機會。

七、強迫兒童及少年婚嫁。

八、拐騙、綁架、買賣、質押兒童及少年。

九、強迫、引誘、容留或媒介兒童及少年為猥褻行為或性交。

十、供應兒童及少年刀械、槍砲、彈藥或其他危險物品。

十一、利用兒童及少年拍攝或錄製暴力、血腥、色情、猥褻、性交或其

他有害兒童及少年身心健康之出版品、圖畫、錄影節目帶、影片、光碟、磁片、電子訊號、遊戲軟體、網際網路內容或其他物品。

十二、迫使或誘使兒童及少年處於對其生命、身體易發生立即危險或傷害之環境。

十三、帶領或誘使兒童及少年進入有礙其身心健康之場所。

十四、強迫、引誘、容留或媒介兒童及少年為自殺行為。

十五、其他對兒童及少年或利用兒童及少年犯罪或為不正當之行為。

前項行為經直轄市、縣（市）主管機關依第 97 條規定裁罰者，中央主管機關應建立裁罰資料，供政府機關（構）及其他經中央主管機關同意之機構、法人或團體查詢。

(C) 家事事件法：

第 17 條：法院得囑託警察機關、稅捐機關、金融機構、學校及其他有關機關、團體或具有相關專業知識之適當人士為必要之調查及查明當事人或關係人之財產狀況。

前項受託者有為調查之義務。

囑託調查所需必要費用及受託個人請求之酬金，由法院核定，並為程序費用之一部。

第 106 條：法院為審酌子女之最佳利益，得徵詢主管機關或社會福利機構之意見、請其進行訪視或調查，並提出報告及建議。

法院斟酌前項調查報告為裁判前，應使關係人有陳述意見之機會。但其內容涉及隱私或有不適當之情形者，不在此限。

法院認為必要時，得通知主管機關或社會福利機構相關人員於期日到場陳述意見。

前項情形，法院得採取適當及必要措施，保護主管機關或社會福利機構相關人員之隱私及安全。

第 108 條：法院就前條事件及其他親子非訟事件為裁定前，應依子女之年齡及識別能力等身心狀況，於法庭內、外，以適當方式，曉諭裁判結果之影響，使其有表達意願或陳述意見之機會；必要時，得請兒童及少年心理或其他專業人士協助。

前項兒童及少年心理或其他專業人士之報酬，準用第 17 條第 3 項規定。

第 114 條：認可收養子女事件，專屬收養人或被收養人住所地之法院管轄；收養人在中華民國無住所者，由被收養人住所地之法院管轄。

認可終止收養事件、許可終止收養事件及宣告終止收養事件，專屬養子女住所地之法院管轄。

第 115 條：認可收養事件，除法律別有規定外，以收養人及被收養人為聲請人。認可收養之聲請應以書狀或於筆錄載明收養人及被收養人、被收養人之父母、收養人及被收養人之配偶。

前項聲請應附具下列文件：

一、收養契約書。

二、收養人及被收養人之國民身分證、戶籍謄本、護照或其他身分證明文件。

第二項聲請，宜附具下列文件：

一、被收養人為未成年人時，收養人之職業、健康及有關資力之證明文件。

二、夫妻之一方被收養時，他方之同意書。但有民法第 1076 條但書情形者，不在此限。

三、經公證之被收養人父母之同意書。但有民法第 1076 條之 1 第 1 項但書、第 2 項但書或第 1076 條之 2 第 3 項情形者，不在此限。

四、收養人或被收養人為外國人時，收養符合其本國法之證明文件。

五、經收出養媒合服務者為訪視調查，其收出養評估報告。

前項文件在境外作成者，應經當地中華民國駐外機構驗證或證明；如係外文，並應附具中文譯本。

第 116 條：法院認可未成年人被收養前，得准收養人與未成年人共同生活一定期間，供法院決定之參考；共同生活期間，對於未成年人權利義務之行使負擔，由收養人為之。

第 117 條：認可收養之裁定，於其對聲請人及第一百十五條第二項所定之人確定時發生效力。

認可收養之裁定正本，應記載該裁定於確定時發生效力之意旨。

認可、許可或宣告終止收養之裁定，準用前 2 項之規定。

第 118 條：被收養人之父母為未成年人而未結婚者，法院為認可收養之裁定前，應

使該未成年人及其法定代理人有陳述意見之機會。但有礙難情形者，不在此限。

第 119 條：第 106 條及第 108 條之規定，於收養事件準用之。

拾叁、如何辦理刑事被告具保責付

1. 被告經准予具保或責付者，由被告親友逕向法院候保室洽辦。

2. 被告請依照下列方法辦理具保或責付手續：
   (1) 自行辦理或交付同來之親友代為辦理。
   (2) 用電話、寫信或其他方法通知親友到法院候保室辦理。
   (3) 不能依前兩款辦理者，經被告陳明，得由法警帶同外覓保。
   (4) 不能於當日辦妥具保責付手續者，可憑「具保責付紀錄單」於次日繼續辦理。
   (5) 被告或其親友對於填寫具保或責付文書不了解時，由法警或服務處隨時指導其填寫方法或代為填寫。

3. 保證書以該管區域內殷實之人所具者為限。並應記載保證金額即依法繳納之事由。
   (1) 填寫保證書。
   (2) 蓋章、簽名或按指印。
   (3) 繳驗國民身分證。
   (4) 提出財產證明文件。

4. 被告或具保人可依指定之保證金額繳納現金或有價證 (依時價計算) 免具保證書。

5. 受責付人除係得為被告輔佐人之人或其選任辯護人，委任代理人外，以居住該管區域內被告知尊長親友或其他有正當職業或有聲譽信用之人，而對被告具有拘束力影響力者為適當。

6. 受責付人應繳驗國民身分證，填寫責付書，載明如經傳喚令被告隨時到場，並蓋章、簽名或按指印。

7. 辦妥上開具保或責付手續後，將保證書或責付書交由法警室轉陳法官核辦。法官認為必要時，得命具保人提出戶口名簿、財產證明文件或不動產所有權狀。

8. 於具保人辦妥保證 (即書面保證或繳驗保證金) 或受責付之人辦妥責付手續後，應即將被告釋放。

9. 各員警辦理具保責付手續及查保對保等不收取任何費用。

10. 法院辦理違反社會秩序維護法案件之具保或責付手續，準用本須知規定。

拾肆、如何聲請辦理夫妻財產制契約登記

一、登記機關：夫妻財產契約登記事件，由地方法院登記處辦理。

二、登記範圍：夫妻得於結婚後，以契約就民法所定約定財產制中選擇其一，為夫妻財產制，於婚姻關係存續中並得以契約廢止其財產制契約或改用他種約定財產制。

三、約定財產制種類：共分為分別財產制及共同財產制 2 種。(上述財產之規定、請分別參月民法第 1031 條及第 1044 條)

四、登記效力：夫妻財產制契約之訂立，變更或廢止，應以書面為之，非經登記不得對抗第三人。夫妻財產契約之登記，不影響依其他法律所為財產權登記之效力。

四、登記類別：分訂約登記、變更登記、廢止登記及囑託登記 4 類。

五、管轄：由夫妻住所地之法院管轄，不能再住所地為登記或其主要財產在居所地

者，得由居所地之法院管轄，如再不能依上項規定，定管轄法院者，由司法院所在地之法院管轄。

六、聲請人：由契約當事人共同聲請，但其契約經公證者，得由一方聲請。

七、聲請手續：聲請登記應具聲請書，記載夫妻姓名、職業、住居所，由聲請人簽名或蓋章。聲請登記，係委由代理人為之者，應附具委任書、登記時應提出國民身分或其他證明文件。聲請人或代理人為外國人者，應提出期護照或居留證或其他證件，以正聲請人或代理人確係本人。

訂約登記之聲請書應記仔結婚年、月、日，結婚地點，約定財產制之種類，附具夫妻財產制契約書，財產目錄及其證明文件，財產依法應登記者，應提出該管機關所發給之謄本。

變更登記之聲明書，應記載原登記之約定財產制，變更之種類，訂定變更契約年、月、日並附具契約書。

廢止登記之聲請書，應記載原登記之約定財產制，訂定變更契約年、月、日並附具契約書。

八、簽名或印鑑：訂約登記，應同時提出夫及妻之簽名或印鑑於法院，以後提出於法院之文書，應為同式之簽名或蓋印鑑章。

前項印鑑毀損、遺失或被盜時，應即刊登當地新聞紙 3 日聲明作廢，並取具 2 人之證明書，項法院聲請更換。

九、公告：登記之公告，應由聲請人於收受公告副本後 3 日內登載於當地新聞紙。

十、遷移之陳報：已登記之住居所或居所遷移至原法院管轄區域以外時，應為遷移之陳報。

遷移之陳報得由配偶之一方為之，並應提出原登記簿謄本。

外國人之夫妻財產制登記：依涉外民事適用法第 13 條之規定，而依中華民國法律訂立之夫妻財產制契約聲請登記者，適用前開各規定。

十一、登記之異議：聲請人或利害關係人對於登記處處理登記是誤認有違反法令或不當時，得於知悉後 10 內提出異議。但於處理事務完畢後已逾 3 個月時，不 得提出異議。

附註：

一、共同財產制：

夫妻之財產及所得，除特有財產外，合併為公同共有。

夫妻之一方，對於公同財產為處分時應得他方之同意，欠缺此項同意，不得對抗第三人，但第三人已知或可得而知其欠缺或依情形，可認為該財產屬於共同財產者，不在此限。

夫妻得以契約訂定僅以勞力所得為限為共同財產，夫或妻勞力所得以外之財產，適用關於分別財產制之規定。

三、分別財產制：夫妻各保有其財產之所有權各自管理、使用、收益及處分。

拾伍、如何聲請公示催告

一、當事人因支票、本票、匯票、股票及其他得以背書轉讓之證 遺失、滅失或被竊，聲請公是催告時，應由喪失證 之權利人為之。如為票據應先到付款銀行、郵局、作社或農會辦理掛失止付手續。

二、然後持付款銀行、郵局、作社或農會所簽章支票具掛失止付通知書副聯本或股票發行公司所核發之函件或證明，並帶身分證、印章到付款地或證 所載旅行地之法院辦理聲請公示催告。

三、聲請公示催告應購買司法狀紙並備副本 (1 家銀行同一分行 1 份副本，2 家銀行 2 份副本，依此類推)

四、持聲請狀正本、副本至法院綜合受理窗口繳納聲請費用新台幣 1000 元並送狀，取得簽章之收據後，應於票據掛失止付 5 日內將聲請狀副本一併送交付款銀行、郵局、合作社、農會或發行股票之公司備查。

五、票據掛失止付通知書上所記載之「通知止付人」或發行股票公司所發證明記載之權利人，應與聲請公示催告之聲請人相同。

六、聲請人收到法院寄發之公示催告後，應詳細核對記載之姓名、票據號碼、金額、發票日期及其他記載有無錯誤或漏寫，如發現有錯誤或漏寫，應速請求更正。

七、聲請人應將公示催告裁定內容及附表全部 (不能刪減) 刊登公報、新聞紙 (不限版面和報社，新聞紙不得剪裁) 或其他相類之傳播工具。

八、聲請人未依指定期日期或期間登載公報、新聞紙或其他相類之傳播工具者，是為撤回公示催告之聲請。

九、當事人喪失本票聲請公示催告時，除依法院訴訟輔導科之範例格式填寫外，並應載明到期日或無到期日。

拾陸、如何聲請除權判決

一、將刊登公示催告之公報、新聞紙或其他相類之傳播工具後，俟申報權利期間 (此期間以裁定內主文第 3 項所載者為準) 屆滿後 3 個月內，持公示催告裁定、公報、新聞紙或其他相類之傳播工具、聲請人之印章，聲請辦理除權判決。(例如申報權力之期間為 6 個月，應於登載公報、新聞紙或其他相類之傳播工具之翌日起 6 個月後，3 個月之內辦理除權判決亦即不能逾越 9 個月，如超過 9 個月即不能辦理除權判決。) 應重行聲請公示催告，再依前述規定辦理。

二、聲請除權判決，亦可委託他人代理，惟應提出委任狀，並購買司法狀紙乙份，書寫除權判決聲請狀。

三、持書託之除權判決聲請狀、公報或新聞紙等至法院綜合受理窗口繳納聲請費新臺幣 1000 元後送狀。

四、聲請人收到法院民事庭出庭通之後，應按通知日期準時到記載之法庭報到，亦得委託訴訟代理人於言詞辯論期日到場，如不於言詞辯論期日到場者，應自持

務時起 2 個月內請法院另定新期日，如再遲誤新期日，則不得聲請再定新期日。

五、開庭辯論終結宣事判決後，聲請人會收到法院民事庭寄發之除權判決書正本。

六、持判決書正本即可到銀行、郵局、合作社、農會領取掛失止付之票據金額、或
到發行股票公司，聲請另行發給股票。

拾柒、如何聲請假扣押、假處分、假執行

一、要件：

1. 假扣押：在本案還沒有起訴以前，為了確保金錢債可獲得清償，可以向民事執行
處聲請假扣押。
2. 假處分：在本案還沒有起訴以前，為了防止房屋或土地被賣掉、權利及其他法律
關係被變更，可以向民事執行處聲請假處分。如果已經起訴，在判決前要保全，
亦可向管轄法院民事庭聲請裁定假扣押或假處分。
3. 假執行：起訴後判決確定前，得依據第 1 審或第 2 審判決主文所示，提存擔保金
以後聲請查封拍賣債務人的財產，拆屋還地或返還房屋，不像假扣押、假處分只
執行查封而已。

二、管轄：

有提起民事訴訟必要者，由本案法院管轄或假扣押的標的物所在地之地方法院
管轄。
（註一）本案管轄法院，為訴訟已繫屬或應繫屬之第 1 審法院。但訴訟繫屬於第 2
審者，得以第 2 審法院為本案管轄法院。
（註二）假扣押之標的如係債權或須經登記之財產權，以債權人住所或擔保之標的
所在地或登記地，為假扣押標的所在地。

三、聲請：

1. 要寫聲請狀，並向管轄法院收狀處遞件。
2. 聲請狀可向法院售狀處購買司法訴狀紙或至司法院網站 (https://www.judicial.gov.tw/index.asp)- 便民服務 - 書狀範例下載書狀書寫，要寫明當事人及法定代理人、請求及其原因事實，假扣押、假處分的原因，請求標的金額或價額權利。扣押的標的為房地產時，應附帶提出公告地價、買賣契約影本、房屋稅證明，以便核定擔保金額。
3. 釋明請求的原因，並陳明願供擔保。

四、 裁定：

　　前列聲請手續及內容齊全時，法院會在 3 天內裁定並送達出去。但如果文件不齊全，必須補正後才可裁定送達。

五、 執行查封：

1. 提存擔保金：假扣押及假處分的裁定書有擔保金的數額，債權人必須先繳納裁定書所指定的擔保金額以後，才可進一步聲請查封債務人財務。
2. 繳納執行費：依聲請執行的金額繳交 8/1000 執行費 (奉司法院 92 年 8 月 15 日 (92) 願台聽民一字第 21075 號函辦理，關於費用之徵收，計算至「元」為止，角以下免收。
3. 債權人導引至現場查封扣押。查封完畢即執行完畢，就此結案。

六、 撤銷假扣押、假處分之裁定及撤回假扣押、假處分之執行：

1. 聲請：要撤回假扣押、假處分的裁定，必須向管轄法院民事庭聲請。要撤回假扣押、假處分的執行，則向民事執行處聲請。
2. 反擔保：債務人可提供反擔保，聲請民事執行處撤銷假扣押之執行。但是有別人併案時，假扣押還不能啟封。關於假處分，原則不許債務人提供反擔保而撤銷

假處分。假執行的反擔保必須在執行標的拍定、變賣或物之交付 (民事訴訟法第 392 條第 3 項) 之前提出來才可以。

3. 限期起訴：債務人的財產被扣押後，可聲請管轄法院民事庭裁定，命債權人限期起訴。如債權人不起訴，債務人就可再聲請民事庭裁定撤銷假扣押或假處分之裁定，裁定確定後才向民事執行處聲請啟封。切勿默無反應，任他扣押好幾年，無法處分被扣押的財產，影響自己的權利。

4. 判決確定：債權人勝訴時，可以聲請民事執行處拍賣。如果敗訴時，債務人就要向民事庭聲請裁定撤銷假扣押、假處分，裁定確定後，再向民事執行處聲請塗銷查封登記。

5. 假扣押、假處分以後，債務人可隨時與債權人和解，而由債權人具狀向民事執行處聲請撤回假扣押或假處分之執行，塗銷查封登記。聲請狀上所蓋印章必須與原來聲請假扣押或假處分的印章相同。如果遺失該印章，則應提出印鑑證明，或者帶身分證親至民事執行處聲請。債務人無權聲請塗銷登記，除非假扣押、假處分已經被民事庭裁定撤銷，債務人才可拿這個撤銷的裁定及確定證明書，聲請塗銷查封登記。

七、 假執行之查封拍賣程序請查閱拍賣須知。

拾捌、如何對拍賣物投標

一、投標人參與本院強制執行不動產投標，請先向本院為民服務中心售狀處索購投標書暨保證金封存袋，以便辦理投標有關事宜。

二、投標人為自然人者，應提出國民身分證正本或影本；不能提出國民身分證者，應提出相類之身分證明文件正本或影本。投標人為法人者，應提出相當之證明文件影本。

三、投標人為未成年人或法人者，應於投標書上載明其法定代理人之姓名（父母為未成年人之法定代理人，除不能行使權利者，應提出相關釋明文件外，父母均應列為法定代理人），並提出法定代理人之證明文件、國民身分證正本或影本，或其他相類之身分證明文件正本或影本。

四、投標人委任代理人到場者，代理人應提出具有民事訴訟法第 70 條第 1 項但書及第 2 項規定特別代理權之委任狀，附於投標書，一併投入標匭內，並應提出國民身分證正本或影本，或其他相類之身分證明文件正本或影本。

五、數人共同投標時，應分別載明其權利範圍。如未載明，推定為均等。

六、願買之不動產，須按照拍賣公告之記載填寫。不動產為數宗者，應分別記明，並將各宗願出支價額及合計總價額詳細載明。

七、投標人應將投標書暨保證金封存袋之內容填載明確，且記明執行案號。

八、保證金應以經金融主管機關核准之金融業者為發票人之支票、匯票或本票，放進保證金封存袋內，不必向法院出納室繳納。

九、投標人將保證金放進保證金封存袋後，應將袋口密封，並在封口處簽章後，連同投標書投入標匭。得標者，即以保證金抵充價款；未得標者，得由本院在支票背面加蓋「臺灣新北地方法院發還還落標保證金專用章」，或請落標人逕持該票據至發票銀行註銷受款人。

十、得標規定。
　（一）以投標價額達到拍賣最低價額且標價最高者為得標人。
　（二）最高價額相同者，以當場增加之金額最高者為得標人。無人增加價額或當場增加之最高價額相同時，以抽籤決定得標人。
　（三）數宗不動產合併拍賣時，投標人未記載每宗之價額或其記載每宗價額之合計數與其記載之總價額不符者，以其所載之總價額為準。
　（四）投標人僅記載每宗之價額而漏計總價額者，由法院代為核計其總價額。

（五） 數宗不動產合併拍賣時，投標人對於各宗不動產所出價額，均應達拍賣最低價額。如投標人所出總價額高於其他投標人，且達於拍賣最低總價額，但部分不動產所出價額未達拍賣最低價額，而不自行調整者，法院即按總價額及拍賣最低價額比例調整之。

十一、的標人交付價金之期限及方式
　（一） 不動產依法有優先承買權人時，待優先承買權人放棄承買確定後，另行通知繳交。
　（二） 除前款情形外，得標人不待通知即應於得標後 7 日內繳足全部價金，不得以任何理由要求延長繳款期限。
　（三） 得標後，繳納尾款之票據受款人應指定為法院。

十二、拍定後，如依法准由優先承買權人優先承買或撤銷拍定程序時，得標人所繳納之保證金及尾款均無息退還。

十三、私法人除符合農業發展條例第 33 條但書之規定外，不得應買或承受該條例第 3 條第 11 款所指之耕地。

十四、外國人應將不動產所在地縣市政府准得購買該不動產之證明文件附於投標書。

十五、拍賣標的為原住民保留地，投標人應將原住民之證明文件附於投標書。

十六、投標人應注意拍賣之不動產是否有積欠大樓管理費、水費　電費、瓦斯費、工程受益費、重劃工程費、差額地價或其他稅捐、費用。得標後應自行處理相關事務、不得以任何理由要求法院處理。

十七、投標人對於投標、開標或未得標領回保證金等執行程序，如有異議，應當場提出。

十八、有下列情形之一者，應認為投標無效。但第 6 款、第 14 款、第 20 款至第 22

款情形，經執行司法

（一）投標時間截止後之投標。

（二）開標前業已公告停止拍賣程序或由主持開標之司

十九、法院司法事務官宣告停止拍賣程序。

（一）投標書未投入法院指定之標匭。

（二）除執行分割共有物變賣判決之拍賣外，投標人為該拍賣標的之所有人。

（三）投標人為未繳足價金而再拍賣之前拍定人或承受人。

（四）不動產拍賣公告載明投標人應提出第 2、3、4 點所示證明（釋明）文件及委任狀，而投標人未提出。

（五）投標人為未成年人，未由其法定代理人代理投標。

（六）代理人無第 4 點所示之特別代理權。

（七）以新臺幣以外之貨幣為單位記載願出之價額，或以實物代替願出之價額。

（八）對願出之價額未記明一定之金額，僅表明就他人願出之價額為增減之數額。

（九）投標書記載之字跡潦草或模糊，致無法辨識。

（十）投標書既未簽名亦未蓋章。

（十一）投標人提出之保證金票據，其發票人為非經金融主管機關核准之金融業者。

（十二）投標人提出之保證金票據已記載法院以外之受款人，該受款人未依票據法規定連續背書。

（十三）投標人提出之保證金票據為禁止背書轉讓之票據，其受款人為法院以外之人。

（十四）未將保證金封存袋附於投標書。

（十五）分別標價合併拍賣時，投標書載明僅願買其中部分之不動產及價額。

（十六）投標書載明得標之不動產指定登記予投標人以外之人。

（十七）投標書附加投標之條件。

（十八）拍賣標的為耕地時，私法人投標而未將主管機關許可之證明文件附於投標書。

（十九）投標人為外國人，未將不動產所在地縣市政府核准得購買該不動產之證明文件附於投標書。

（二十） 拍賣標的為原住民保留地，投標人未將原住民之證明文件附於投標書。

（二十一） 其他符合拍賣公告特別記載投標無效之情形。

拾玖、如何辦理拍賣：

一、 動產：

（一） 查封物為金錢首飾或古董等貴重物品，價格不易確定者，司法事務官可囑託行家鑑定價格，定底價然後拍賣，鑑定費用要由債權人先繳納。

（二） 拍賣動產，查封日期至拍賣期間，至少應留 7 天之期間。但因查封物的性質必須趕快拍賣或債權人與債務人兩方都同意的話，就可提前拍賣。(拍賣應於公告 5 日後行之，但物之性質需迅速拍賣者，不在此限。)

（三） 如果查封物易腐壞，司法事務官可依職權變賣，不必經拍賣程序。

（四） 拍賣公告張貼在法院民事執行處公告欄以及標的物所在之鄉鎮區市公所之公告欄。如果司法事務官認為必要，也可以命債權人登報，以招徠買主。

（五） 拍賣當天司法事務官會通知債權人及債務人到場，債權人及債務人因無法通知或受通之後不到場時，照樣進行拍賣。

（六） 拍定標準是出最高價，高呼 3 次後無人加價時，宣布為拍定。

（七） 拍定後，應買人必須馬上交錢，帶走拍定物，不能賒欠，也不能以支票付款。

（八） 無人應買時，執行處應作價交債權人承受，如不承受，應撤銷查封，將查封的動產交還債務人結案，但拍賣物顯有賣得相當價金之可能者，得再行拍賣之。

（九） 如果應買人所出價錢低於底價，執行處就不予拍定，另行定期拍賣，在拍賣時，最高價還不足底價 50% 或者未定底價，但所出最高價顯不相當時，拍賣主持人可以作價交債權人承受。如不承受就將查封物撤銷查封退還債務人結案。

二、 不動產：

（一）　鑑價：法院民事執行處會委託公家機關或民間法人團體鑑價，債權人要先繳納鑑價費，並引導至不動產標的物現場鑑價。

（二）　核定底價：鑑價後，司法事務官會問債權人及債務人意見然後酌定底價，不受債權人債務人之拘束。

（三）　先期公告：公告到拍賣，相距 14 日以上，電第 2 次拍賣與公告間隔 10 日以上，30 日以下。

（四）　接事與登報：拍賣公告張貼在法院民事執行處公告欄以及房屋所在地或所在地之鄉鎮區市公所或者司法院網站 (www.judicial.gov.tw)。債權人並須先墊付刊登報紙廣告費用，並將該刊登報紙廣告，整張報紙送給書記官附卷。

（五）　投標：投標時要繳保證金，金額載於公告上，要先購買以臺灣各地銀行或信用合作社簽發，以臺灣各地銀行為付款人之票據並填寫標單後，投入標匭內。當天法院執行該股開數標者，可任意投入其中一標匭，以杜絕圍標。如有人圍標，請告知執行人員，馬上取締。

（六）　開標公告：時間一到案時開標，不當眾宣示，並將得標者標單立即以投影機投影於電視螢幕上，以昭公信。

（七）　點交：房屋如出租、出借，且未經裁定除去租賃、借貸、法院就不點交；是否不點交，要注意拍賣公告。

（八）　底價承受：無人應買或出價未達底價時，債權人如欲承受，應於拍賣期日終結前當場表明以拍賣底價承受。

（九）　再拍賣：第 1 次拍賣不成，司法事務官減價至 20% 再定拍賣。如再拍賣不成，再減至 20%，作第 3 次拍賣。

（十）　特別程序：經 2 次減價拍賣而未拍定之不動產，債權人不願承受或依法不得承受，執行法院應於第 2 次減價拍賣期日終結後 10 內公告，願買受該不動產者得於公告日起 3 個月內依原訂拍賣條件為應買表示。

貳拾、如何辦理提存及領取、取回提存物

壹、 提存之種類及原因

一、清償提存事件：

（一） 債權人受領遲延，或不能確之熟為債權人而難為給付者（民法第 326 條）。

（二） 民法關於職權、留置權之提存事件（民法第 905 條、第 907 條、第 892 條第 2 項、第 933 條）。

（三） 政府機關依據法律所發給之補償費或其他公法上之金錢給付，應受補償人拒絕受領或不能受領或所在地不明。

（四） 其他法律規定。例如強制執行法關於強制執行所得金額、破產法關於破產債權分配金額、消費者債務清理條例關於更生、清算事件分配金額之提存、平均地權條例第 28 條等。

二、擔保提存事件：

（一） 當事人因請求法院為假扣押、假處分、執行及請求免為假扣押、假處分、假執行經法院裁判令其提供擔保者。

（二） 強制執行開始後，債務人有回復原狀之聲請或提起再審或異議之訴，或對於和解為繼續審判之請求或提起宣告調解無效之訴，撤銷調解之訴或對於許可強制執行之裁定提起抗告時，法院因必要情形或依聲請定相當並確時之擔保得為停止強制執行之裁定（強制執行法第 18 條第 2 項）。

（三） 原告於中華民國無住所、事務所或營業所經法院裁定命其供訴訟費用擔保者（民事訴訟法第 96 條第 1 項）。

（四） 其他法令有特別規定之事項（如民法第 368 條但書、票據法第 19 條）。

貳、提存管轄法院

一、清償提存事件：

（一） 由民法第 314 條所定清償地之法院提存所辦理之（提存法第 4 條）。清償地，

除法律另有規定或契約另有訂定，或另有習慣，或得依債之性質或其他情形決定者外，應依下列各款之規定：

1. 以給付特定物為標的者，於訂約時，其物所在地為之。

2. 其他之債，於債權人之住所地為之 (民法第 314 條)。

（二）　債權人在中華民國現無住所或住所不明時，以其在中華民國之居所，事為住所；無居所或居所不明者，以其在中華民國最後之住所，視為住所。

（三）　債權人在中華民國無最後住所，或不能確之熟為債權人，致難依前項定其清償地者，由債務人住所地法院提存所辦理之。

（四）　數人有同一債權，其給付不可分，或為公同共有債權，而債權人住所不在一法院管轄區域者，由其中一住所地法院提存所辦理之。

（五）　強制執行法關於強制執行所得金額、破產法關於債權分配金額或消費者債務清理條例關於清算事件分配金額之提存，由受理強制執行、破產事件或辦理清算事件之法院提存所辦理之。

（六）　政府機關依據法律所發給之補償或其他公法上金錢給付，其提存由該機關所在地之法院提存所辦理之。

二、擔保提存事件：由本案訴訟以繫屬或應繫屬之第一審法院或執行法院提存所辦理之 (提存法第 5 條)。

參、提存程序

一、聲請人應攜帶國民身分證及印章到本院為民服務中心提存櫃台辦理，並得委任代理人為之。

二、聲請書類及應備文件：

（一）　聲請清償提存，應提出下列文件：

1. 提存書：提存人應備「提存書」1 式 2 份，依式逐項填明，由提存人簽名或蓋章。

2. 提存通知書：「提存書」應添附「提存通知書」1 式 2 份，如提存物受取權人有 2 人以上時，應按增加人數每人加添 1 份。

3. 國庫存款收款書或保管品聲請書：提存物為現金者，應填具「國庫存款收

款書」1 式 6 聯，提存物如為有價證券者，應填具「國庫保管聲請書」1 份。

4. 提存費繳款證明，其依法免徵提存費者，毋庸提出。

（二）聲請擔保提存，應提出下列文件：

1. 提存書：提存人應備「提存書」1 式 2 份，依式逐項填明，由提存人簽名或蓋章。

2. 國庫存款收款書或保管品聲請書：提存物為現金者，應填具「國庫存款收款書」1 式 6 聯，提存物如為有價證券者，應填具「國庫保管聲請書」1 份。

3. 提存費繳款證明。

4. 提存原因證明文件：提存人應附具法院裁判書正本或影本。如以抄本或節本代替者，應由提存人簽名或蓋章證明與原本無異。

（三）所需書狀請向本院為民服務中心售狀處購買或至本院網站業務查詢之提存業務之本院提存書狀範例項下下載。

三、繳納提存書：

（一）清償提存費，其提存金額或價額在新台幣 (下同) 一萬元以下者，繳納一百元；逾一萬元至十萬元者，繳納五百元；逾十萬元者，繳納一千元。但執行法院依強制執行法、管理人依破產法或消費者債務清理條例規定辦理提存者，免繳納提存費。

（二）擔保提存費，每件繳納五百元。

四、提交提存書及提存物：

提存物為現金或有價證券者，提存人應將「提存書」連同提存物及提存費，依並提交當地國庫駐院收款處或當地代理國庫之銀行。提存物不是於國庫保管者，提存人應聲請該管法院指定保管提存物之保管機構，由提存人將提存物連同「提存書」提交該保管機構。提存人為此項聲請時，應同時向法院繳納提存費。並將繳費聯單黏貼「提存書」。

五、送達提存通知書或通知有關機構：

提存所收到「提存書」及「國庫存款收款書」或「保管品收入憑證」聯單後，應於「提存書」上記載提存物保管機構名稱、地址、收受日期及收受證明，加蓋公印，發給提存人，如為清償提存者，並將「提存通知書」送達提存物受取權人，如為擔

保提存者，應即通知執行法院或有關機構。聲請人提交提存物後 3 日內，未獲法院提存所發給「提存書」時，得向該管提存所查詢原因。

肆、 取回或領取提存物（款）

一、聲請書類即應備文件：

（一） 聲請取回提存物（款），應提出下列文件：

1. 填寫「取回提存物聲請書」1 式 2 份，並蓋用提存人辦理提存時同一印章或為同式之簽章。如印章不同或其他必要情形時，並應提出最近三個月內之印鑑證明（公司應提出最近三個月內公司變更事項登記卡）。

2. 原「提存書」（如遺失，應一併聲請遺失公告）。

3. 聲請人之國民身分證（經核對後留存其正、背面影本一份），法人或其他團體者，並應提出法人或團體證明文件及其他代表人或管理人資格證明文件。法人經解散、撤銷登記者，應附具清算人證明文件或清算人就任申報資料。

4. 如委任代理人取回，應提出代理人之國民身分證，附具委任書，載明有民事訴訟法第 70 條第 1 項但書及同條第 2 項之特別代理權，為任書應加蓋提存人於提存時使用之同一印章或為同式之簽名或印鑑。委任人在國外者，應提出 3 個月內經中華民國駐外使領館、代表處、辦事處或其他經外交部授權機構驗證之委任書或授權書。委任人在大陸地區者，應提出 3 個月內經財團法人海峽交流基金會驗證之委任書或授權書。

5. 提存人委任代理人取回提存物，提存所於必要時得命提出提存人之印鑑證明或其他足以證明身分真正之文件。但其取回提存物之金額或價額在 3 萬元以下者，如代理人證明為委任人之配偶、直系血親尊親屬、或已成年之直系血親卑親屬或二親等之兄弟姐妹時，毋庸提出本項證明文件。

6. 依取回原因應提出之證明文件如下：

	取回原因	應提出之證明文件
(1)	假執行之本案判決已全部勝訴確定。	各審裁判書正本或影本及正確證明書。
(2)	因免為假執行而預供擔保或將請求標的物提存，其假執行之宣告全部失效。	宣告假執行全部失效之裁判書正本或影本。

取回原因	應提出之證明文件
(3) 假扣押、假處分、假執行經裁判後為聲請執行，或於執行程序實施前撤回執行程序實施前撤回執行之聲請。	法院民事執行處發給之未聲請執行證明、撤回執行證明原本或強制撤回筆錄影本。
(4) 因免為假扣押、假處分、假執行預供擔保，裁判後未聲請執行，或於執行程序實施前撤回執行之聲請。	法院民事執行處發給之債權人未聲請執行證明、撤回執行證明原本或強制撤回筆錄影本。
(5) 假扣押、假處分所保全之請求，其本案訴訟已或全部勝訴判定確定。其請求取得與確定判決有同一效力者。	(1) 全部勝訴判決確定： 　1. 各審裁判書之正本或影本及確定證明書。 　2. 假扣押、假處分裁定聲請狀影本。 　3. 起訴狀影本 (2) 與確定判決有同一之效力： 　1. 民國 104 年 7 月 2 日以前確定之支付命令及確定證明書、和解筆錄、調解筆錄、經法院核定之鄉鎮市調解委員會調解書、仲裁判斷書或其他與確定判決有同一效力之文書。 　2. 假扣押、假處分判定聲請狀影本。 　3. 起訴狀影本。
(6) 假執行、假扣押或假處分所保全之請求，其本案訴訟經和解或調解成立，受擔保利益人應負部分給付義務而對提存物之權利聲明不予保留者。	(1) 和解筆錄、調解筆錄或調解書。 (2) 假扣押、假處分裁定聲請狀影本。 (3) 起訴狀或聲請狀影本。
(7) 依法令提供擔保停止強制執行，其本案訴訟已或全部勝訴判決確定。	各審裁判書正本或影本及確定證明書。
(8) 受擔保利益人於法官或提存所主任前表明同意返還，經記明筆錄。	筆錄影本。
(9) 擔保提存出於錯誤或依其他法律之規定，經法院裁定返還確定。	法院裁定書正本或影本及確定證明書。
(10) 因提存程序不合規定或不應提存，經提存所通知取回提存物。	(1) 提存所之通知書。 (2) 未依提存之效果行使權力或雖行使權利而已回復原狀之證明。

	取回原因	應提出之證明文件
(11)	清償提存出於錯誤、提存之原因已消滅。	相當確定之證明。
(12)	清償提存之受取權人同意返還提存物。	提出受取權人出具之同意書及其印鑑證明，如為法人或其他團體者，並應提出法人或團體證明文件及其他代表人或管理人身分證明文件，或提存人偕同受取權人攜帶國民身分證到提存所製作同意之筆錄。
(13)	質權人依民法第八百九十二條第二項第九百三十三條規定提存，而依提存法施行細則第二十一條第二項規定聲請取回者。	出質人或留置所有人同意取回之文件或法院准許就提存物實行質權或留置之裁定書正本或影本及確定證明書。

（二） 聲請領取提存物（款），應提出下列文件：

1. 填寫「領取提存物聲請書」1 式 2 份，由聲請人簽名蓋章。

2. 「提存通知書」（如已遺失應一併聲請遺失公告，但提存通知書未經合法送達或以公示送達方式且未經受取權人領取者，毋庸提出）。

3. 聲請人如應為對待給付者時，應提出提存人之受領證書、裁判書、公證書或其他證明已經給付或免除其他給付或以提出相當擔保之文件。聲請人領取提存物應具備其他要件時，應提出要件以具備之證明文件。

4. 親自領取者，應攜帶國民身分證（經核對後留存其正背面影本各 1 份）及印章。如為法人或其他團體者，並應提出法人或團體證明文件及其代表人或管理人資格證明文件。如聲請人現地址與提存通知書所載住址不符時，應提出載有遷徙情形之國民身分證或戶口名簿或戶籍謄本或其他證明文件或請原提存人更證之。

5. 如委任代理人領取，應提出代理人之國民身分證，附具委任書，載明民事訴訟法第 70 條第 1 項但書及同條第 2 項之特別代理權。委任人在國外者，應提出 3 個月內經中華民國駐外使領館、代表處、辦事處或其他經外交部授權機構驗證之委任書或授權書。委任人在大陸地區者，應提出 3 個月內經財團法人海峽交流基金會驗證之委任書或授權書。

6. 聲請人委任代理人領取提存物，前項委任書並應附具委任人之國民身份證

影本、印鑑證明或其他足以證明印文真正之文件。提存物之金額或價額逾一百萬元者，其偉任行為或委任書並應經公證人公證或任證。但提存物之金額或價額在三萬元以下者，如證明為委任人之配偶、直系血親尊親屬或已成年之直系血親卑親或二等親之等兄弟姊妹時，毋庸提出本項證明文件。

7. 由受取權人之繼承人聲請領取者，應提出繼承系統表、戶籍謄本及其他足以證明其為合法繼承人之文件。

二、指示補正：

提存所收受「取回或領取提存物聲請書」後，應即審核，如聲請人提出之文件有欠缺或錯誤，應當場指示其補正，無法當場補正者，應限期命其補正。

三、發還程序：

聲請取回或領取提存物准許者，提存所應依提存法施行細則第 34 條規定之程序，通知同法院會計事等將「國庫存款書代存單」(以下簡稱代存單) 或「保管品寄存證」(以下簡稱寄存證) 發給聲請人。

四、領取手續：

(一)　提存所准予領款時，聲請人應攜帶國民身分證 (正本、影本) 及聲請書之印章 (如原委任代理人聲請時，則由代理人攜帶委任人及代理人身分證件暨代理人印章)、收狀證 (以郵寄方式送件者免附)，先至提存所簽領准予取回 (領取) 提存物聲請書，再至出納櫃檯簽領代存單或保管品寄存證，然後至本院代庫銀行台灣銀行板橋分行 (新北市板橋區府中路 21 號)(新北市政府 101 年度前提存之補償費請至土地銀行板橋分行 - 新北市板橋區文化路一段 143 號) 具領現金 (限本人，且限台灣銀行板橋分行，且提款限新台幣 10 萬元以下) 或禁止背書轉讓並劃平行線之支票，或請求銀行將應領款項，轉存於聲請人設於金融機構之帳戶。

(二)　聲請人於向本願出納櫃檯簽領國庫存款收款書代存單後，亦得直接在本院為民服務中心櫃檯 (台灣銀行收款處)，向台灣銀行派住本院櫃檯人員申請翌日匯款轉存於聲請人本人之金融機構帳戶，並於代存單背面簽名、蓋章後，交由台銀派住本院櫃檯人員送回台灣銀行板橋分行，翌日再由銀行承辦人員計算利息，連同提存款並扣除作業手續費後，匯入聲請人本人帳戶；如有帳戶

或戶名不符情形導致退匯時，請聲請人自行與銀行承辦人員聯繫解決。(註：新北市政府 101 年度前補償費係由土地銀行板橋分行保管，故無法直接在台銀派住本院櫃檯窗口申請轉帳作業)

五、聲請取回或領取提存物(款)之期限

(一) 清償提存之提存人聲請取回提存物，應自提存之翌日起 10 年內為之，逾期其提存物歸屬國庫。

(二) 擔保提存之提存人聲請取回提存物，應於供擔保之原因消滅 10 年內為之，逾期其提存物歸屬國庫。

(三) 因提存程是不合規定或不應提存，經提存所通知取回提存物，自提存所取回處分書送達發生效力之翌日起，逾 10 年不取回者，其提存物歸屬國庫。

(四) 債權人(受取權人)關於提存物之權利，自提存通書送達發生效力之翌日起 10 年間不行使而消滅，其提存物歸屬國庫。

伍、　異議及抗告

一、關係人對於提存所之處分，如有不限，得於處分通知書送達關係人翌日起 10 內，提出異議。

二、對於法院就異議所為裁定不服者，應於裁定正本送達後 10 日內之不變期間內提起抗告(抗告狀應向為裁定之原法院提出)，但不得再抗告。

貳拾壹、如何辦理法院民事執行處案款撥匯

一、依據台灣高等法院所屬地方法院民事執行處撥款作業要點。

二、案款原則上可用撥匯方式辦理，亦可親自或委任他人到法院領取國庫支票。

(一) 適用對象：1. 債權人 2. 債務人 3. 國稅局 4. 各縣市稅捐處 5. 其他得領取案款或退款之人(如溢繳執行費、退還保證金、拍定尾款等)。

（二） 辦理方式：

　　1. 書面：乙狀紙向承辦股聲請，狀內應提供匯款資料及本人銀行存摺封面影本）或寫明本人互明銀行名稱 (OO 銀行 OO 分行)、代碼、分別行、流水號、檢號等 (即銀行帳戶號碼)，且以本人名義之帳戶為限；如債權人為銀行，亦請提供合執行名義所載債權相同帳戶。(請不要寫錯或漏寫)

　　2. 言詞：直接到承辦書記官處，提出銀行帳戶資料，以言詞項書記官聲請，書記官應製作筆錄記明。

（三） 聲請時點：

　　1. 案件拍定後聲請。

　　2. 陳報債權計算書時，一併聲請。

　　3. 收受分配表後聲請 (分配表附註如有載明須補證之資料，請先行補證，以便加速撥匯作業。)

（四） 匯款時間：分配表確定並經核可後，始得辦理撥匯發款。

（五） 確認權益：法院辦理撥款作業時間，從承辦股計出解送按款通知予領款人，及由法院會計室另以電子化傳輸方式，傳送至財政部地區支付處，再行匯入領款人陳報之匯款帳戶，計約耗時 15 天以上。屆時請受領人自行刷期存蛇確認。如有任何問題，可逕向承辦書記官查詢 (因須配合會計是行政作業程序，故約 15 天以上之作業時間)。

（六） 其他事項：如有下列情形之一，則無法撥案款。

　　1. 沒有提出書面或言詞聲請者。

　　2. 沒有提出銀行帳戶資料者。

　　3. 提出撥匯戶明與債權人名稱 (名字) 不相符者。

　　4. 所提供帳戶資料經撥匯不能入帳 (無效) 者。

　　5. 因其他原因不能以撥匯方式辦理者。如無法採用玻會案款作業，法院將會通知領款人親自或委任 他人，到法院領取國庫支票。

附錄（二）、書狀範例

一、　車輛損害賠償

民事聲請支付命令狀

案號：年度　　　　字第　　　　　　號

承辦股別：

訴訟標的金額或價額：新臺幣　　　　　　　元

聲請人　　　　　　　　　身分證證明文件字號：

（即債權人）

　　　　　　　　　　　　性別：

　　　　　　　　　　　　生日：

　　　　　　　　　　　　戶籍地：

　　　　　　　　　　　　現住地：

　　　　　　　　　　　　電話：

債務人　　　　　　　　　身分證證明文件字號：

　　　　　　　　　　　　性別：

　　　　　　　　　　　　生日：

　　　　　　　　　　　　戶籍地：

　　　　　　　　　　　　現住地：

　　　　　　　　　　　　電話：

為聲請發支付命令事：

一、請求標的

（一）債務人應給付債權人新臺幣（下同）　　元，並自本件支付命令送達之翌日起至清償日止，按年息　5%計算之利息。

（二）督促程序費用由債務人負擔。

二、請求之原因事實

債權人　　　　　　　於民國　　年　　月　　日　　時　　分在　　市　　區　　路　　段　　號前與債務人發生車禍，致債權人車輛毀損，經車輛事故初步研判結果債務人有肇事責任，債務人自應賠償債權人車輛維修費共計　　　　　　元，經　　　　鄉鎮區公所調解委員會調解，債務人均置之不理。有調解不成立書、車輛事故初步研判表、車輛維修估價單為證。債權人依民事訴訟法第 508 條規定，聲請貴院就前項債權，依督促程序，對債務人發支付命令，促其清償。

證物名稱及件數：

一、車輛事故初步研判表。

二、車輛維修估價單。

三、調解不成立書。

此　　致

地方法院　公鑒

中　華　民　國　　　　　年　　　　　月　　　　　日

具狀人　　　　　　（簽名蓋章）

撰狀人　　　　　　（簽名蓋章）

二、 給付合會會款

民事聲請支付命令狀

案號：年度　　　　字第　　　　　號

承辦股別：

訴訟標的金額或價額：新臺幣　　　　　元

聲請人　　　　　　　　　身分證證明文件字號：

（即債權人）

　　　　　　　　　　　　性別：

　　　　　　　　　　　　生日：

　　　　　　　　　　　　戶籍地：

　　　　　　　　　　　　現住地：

　　　　　　　　　　　　電話：

債務人　　　　　　　　　身分證證明文件字號：

　　　　　　　　　　　　性別：

　　　　　　　　　　　　生日：

　　　　　　　　　　　　戶籍地：

　　　　　　　　　　　　現住地：

　　　　　　　　　　　　電話：

　　為聲請發支付命令事：

一、請求標的

　　（一）　債務人應給付債權人新臺幣（下同）　　元，並自本件支付命令送達之翌
　　　　　　日起至清償日止，按年息　　5%計算之利息。

　　（二）　督促程序費用由債務人負擔。

二、請求之原因事實

　　　　債權人參加以債務人為會首的互助會　會，會員連會首共　　　　　人，約定
民國　　年　　月　　　日起，每月每會　　　　　　　元。債權人按月繳納
會款，尚未得標，未料至　　　年　　月　　　日（即第　　會）債務人竟宣
告倒會，債務人自應退還債權人前所繳納的會款共計　　　　　　　元，但經屢次
催討，債務人均置之不理。有互助會單為證。依民事訴訟法第 508 條規定，聲請貴
院就前項債權，依督促程序，對債務人發支付命令，促其清償。

　　　證物名稱及件數：

一、互助會單

　　此　　致

　　　　　　　地方法院　公鑒

中　　華　　民　　國　　　　　　年　　　　　　月　　　　　　日

　　　　　　　　　　　　　具狀人　　　　　　　　（簽名蓋章）

　　　　　　　　　　　　　撰狀人　　　　　　　　（簽名蓋章）

三、公寓大廈管理費及相關費用

民事聲請支付命令狀

案號：年度　　　　　字第　　　　　　號

承辦股別：

訴訟標的金額或價額：新臺幣　　　　　　元

債權人　　　　　　　　設：

　　　　　　　　　　　　　　　大廈（樓）

　　　　　　　　　　　　　　　管理委員會

法定代理人　　　　　　　　身分證明文件字號：

　　　　　　　　　　　　　性別：

　　　　　　　　　　　　　生日：

　　　　　　　　　　　　　戶籍地：

　　　　　　　　　　　　　現住地：

　　　　　　　　　　　　　電話：

債務人　　　　　　　　　　身分證證明文件字號：

　　　　　　　　　　　　　性別：

　　　　　　　　　　　　　生日：

　　　　　　　　　　　　　戶籍地：

　　　　　　　　　　　　　現住地：

　　　　　　　　　　　　　電話：

　為聲請發支付命令事：
一、請求標的
　　（一）　債務人應給付債權人新臺幣（下同）　　　　　　　　　元，及自本件支付
　　　　　　命令送達之翌日起至清償日止，按年息　　5%計算之利息。
　　（二）　督促程序費用由債務人負擔。

二、請求之原因事實
　　（一）　依公寓大廈管理條例第 21 條規定：區分所有權人或住戶積欠應繳納之
　　　　　　公共基金或應分擔或其他應負擔之費用已逾二期或達相當金額，經定相
　　　　　　當期間催告仍不給付者，管理負責人或管理委員會得訴請法院命其給付
　　　　　　應繳之金額及遲延利息。
　　（二）　債務人為　　　　　　　　　　公寓大廈之區分所有權人（或住戶）擁
　　　　　　有坐落於　　　　縣（市）　　　　鄉（區）　　　路　　號之建
　　　　　　築物，惟自民國　　年　　月　　日至　　年　　月　　日止，累積欠
　　　　　　繳社區管理費及相關費用，共計　　　　　　　　　元整。
　　（三）　經債權人以存證信函催繳，仍未繳納，為此聲請貴院對債務人發支付命
　　　　　　令，促其清償所欠繳費用，以保障社區全體住戶之權益，實感德便。

　　證物名稱及件數：
一、公寓大廈管理組織報備證明。
二、區分所有權人及住戶會議記錄及主任委員當選證明影本各 1 件。
三、住戶規約、催繳存證信函及回執各 1 件。

　　此　　致
　　　　　　　地方法院　公鑒

中　　華　　民　　國　　　　　　年　　　　　　月　　　　　　日

　　　　　　　　　　具狀人　　　　　　　　　　　　（簽名蓋章）
　　　　　　　　　　撰狀人　　　　　　　　　　　　（簽名蓋章）

※ 應注意事項
一、應繳裁判費新臺幣 500 元。
二、聲請狀應經當事人簽章、代理人應提出委任狀。
三、如對繼承人請求，則應提出繼承系統表、被繼承人除戶籍本、繼承人之戶籍謄
　　本（記事欄勿省略）、繼承人有無拋棄或限定繼承之證明文件。
四、聲請狀利息起算日，應詳實記載（如支付命令送達翌日或某年某月某日）。
五、應依民事訴訟法第 511 條第 2 項規定釋明請求，並提出供釋明用之證據。
六、聲請狀債務人送達地址應完整無缺漏。
七、未經合法異議之支付命令得為執行名義，債務人主張支付命令上所載債權不存
　　在者，得提起確認債權不存在之訴或債務人異議之訴。

四、對於支付命令提出異議

民事異議狀

案號：年度　　　　字第　　　　　號

承辦股別：

訴訟標的金額或價額：新臺幣　　　　　　　元

異議人　　　　　　　　　身分證明文件字號：

（即債權人）

　　　　　　　　　　　　　性別：

　　　　　　　　　　　　　生日：

　　　　　　　　　　　　　戶籍地：

　　　　　　　　　　　　　現住地：

　　　　　　　　　　　　　電話：

債務人　　　　　　　　　身分證證明文件字號：

　　　　　　　　　　　　　性別：

　　　　　　　　　　　　　生日：

　　　　　　　　　　　　　戶籍地：

　　　　　　　　　　　　　現住地：

　　　　　　　　　　　　　電話：

對於支付命令提出異議事：

異議人於民國　　　　　年　　　　　月　　　　　日收受貴院　　　　　年度

促字第　　　　　　　號支付命令，命異議人於 20 日內清償債款。但由於該項債務

尚有爭執，為此依民事訴訟法第 516 條規定，對於該支付命令，向貴院提出異議。

證物名稱及件數：

此　致

　　　　　地方法院　公鑒

中　華　民　國　　　　　年　　　　　月　　　　　日

　　　　　　　　　　具狀人　　　　　　　　（簽名蓋章）

　　　　　　　　　　撰狀人　　　　　　　　（簽名蓋章）

五、強制執行向第三人扣押並收取薪資 - 請求給付車禍損害賠償

民事聲請強制執行狀

案號：年度　　　　字第　　　　　　號

承辦股別：

訴訟標的金額或價額：新臺幣　　　　　　　元

聲請人　　　　　　　　身分證明文件字號：

（即債權人）

　　　　　　　　　　　性別：

　　　　　　　　　　　生日：

　　　　　　　　　　　戶籍地：

　　　　　　　　　　　現住地：

　　　　　　　　　　　電話：

債務人　　　　　　　　身分證明文件字號：

　　　　　　　　　　　性別：

　　　　　　　　　　　生日：

　　　　　　　　　　　戶籍地：

　　　　　　　　　　　現住地：

　　　　　　　　　　　電話：

第三人　　　　　　　　身分證明文件字號：

　　　　　　　　　　　生日：

　　　　　　　　　　　戶籍地：

　　　　　　　　　　　現住地：

　　　　　　　　　　　電話：

為請求給付車禍損害賠償聲請向第三人扣押並移轉薪資為強制執行事：

一、聲請強制執行之內容：

（一）債務人應給付債權人新臺幣　　　　　元，及自民國　　年　　月　　日起至清償日止。

（二）執行費用由債務人負擔。

二、執行名義：

法院　　　　年度　　　字第　　　　　　號確定判決。

三、執行標的及方法：

本件為車禍事故所生損害賠償請求，債權人因該事故已減損（喪失）工作能力，端賴債務人盡賠償義務，用以維持基本生活，查債務人現服務於第三人　　　　　　　處，每月領有薪資，請扣押債務人之薪水二分之一，並准將債務人對於第三人之債權自　　　　　年　　　　月份起按月於每月日移轉於債權人，以符公平。

證物名稱及件數：

一、　　　年度　　　字第　　　　　　號 案判決書及判決確定證明書正本各乙件。

此　致

地方法院　公鑒

中　華　民　國　　　　　年　　　　月　　　　日

具狀人　　　　　　　　（簽名蓋章）

撰狀人　　　　　　　　（簽名蓋章）

六 、強制執行遷讓房屋

民事聲請強制執行狀

案號：年度　　　　字第　　　　　號

承辦股別：

訴訟標的金額或價額：新臺幣　　　　　　元

聲請人　　　　　　　　身分證明文件字號：

（即債權人）

　　　　　　　　　　　性別：

　　　　　　　　　　　生日：

　　　　　　　　　　　戶籍地：

　　　　　　　　　　　現住地：

　　　　　　　　　　　電話：

債務人　　　　　　　　身分證明文件字號：

　　　　　　　　　　　性別：

　　　　　　　　　　　生日：

　　　　　　　　　　　戶籍地：

　　　　　　　　　　　現住地：

　　　　　　　　　　　電話：

為聲請強制執行事：

一、聲請強制執行之內容：

　　債務人應自座落　　　　　　縣　　　　鄉／鎮／市　　　段　　　小段　　　號

　　土地上建物即門牌編號　　　　　　縣　　　　鄉／鎮／市　　　段　　　　號

　　房屋遷出，將房屋交付債權人。

二、執行名義：

　　貴院　　　　　年度公／訴字第　　　　　　　號公證書正本／判決正本及確

　　定證明書各乙件。

三、執行標的：

　　如前項公證書／判決所示。

　　證物名稱及件數：

貴院　　　　　年度公／訴字第　　　　　　　號公證書／判決及確定證明書正本

各乙件。

　　此　　致

　　　　　　地方法院　公鑒

中　　華　　民　　國　　　　　年　　　　　月　　　　　日

　　　　　　　　　　　　　　　具狀人　　　　　　　（簽名蓋章）

　　　　　　　　　　　　　　　撰狀人　　　　　　　（簽名蓋章）

七、並辦理不動產繼承登記

民事聲請強制執行狀

案號：年度　　　　字第　　　　　號

承辦股別：

訴訟標的金額或價額：新臺幣　　　　　　元

聲請人　　　　　　　　　身分證明文件字號：

（即債權人）

　　　　　　　　　　　　性別：

　　　　　　　　　　　　生日：

　　　　　　　　　　　　戶籍地：

　　　　　　　　　　　　現住地：

　　　　　　　　　　　　電話：

債務人　　　　　　　　　身分證明文件字號：

　　　　　　　　　　　　性別：

　　　　　　　　　　　　生日：

　　　　　　　　　　　　戶籍地：

　　　　　　　　　　　　現住地：

　　　　　　　　　　　　電話：

為聲請強制執行，並代位繼承人全體辦理不動產繼承登記事：

一、聲請強制執行之內容：

債務人等應連帶給付債權人新臺幣（下同）　　　　　　　　元並

自民國　　　年　　　月　　　日起至清償日止按年息百分之五計算之

利息及執行費用。

二、執行名義：

法院　　　年度　　　字　　　　　號確定支付命令／確定判決（依

實際執行名義記載）。

三、執行標的：

請求查封拍賣債務人所有原登記名義人為債務人之被繼承人　　　　尚未

辦理繼承登記如附表所載不動產。

四、說明：

本件債務人等之被繼承人　　　　　　　　因於　　年　　月　　日

死亡，債權人並經向繼承人即債務人取得執行名義，但債務人未辦理繼承登記，

為此依未繼承登記不動產辦理強制執行聯繫辦法之規定，聲請代位繼承人全體

辦理不動產繼承登記。

證物名稱及件數：

一、　　　　　　法院　　　年度　　字第　　　　　號民事判決正本及確定

證明書正本各　件。或　　　　　法院　　　年度　　字第　　　　號

支付命令及確定證明書正本各　　　件。

二、執行不動產之土地（建物）登記謄本　件。

此　致

　　　地方法院　公鑒

中　華　民　國　　　　　年　　　　月　　　　日

　　　　　　　　　　具狀人　　　　　　　　（簽名蓋章）

　　　　　　　　　　撰狀人　　　　　　　　（簽名蓋章）

八、民事損害賠償起訴狀

民事起訴狀

案號：年度　　　　字第　　　　　號

承辦股別：

訴訟標的金額或價額：新臺幣　　　　　　元

聲請人　　　　　　　　身分證明文件字號：

（即債權人）

　　　　　　　　　　　性別：

　　　　　　　　　　　生日：

　　　　　　　　　　　戶籍地：

　　　　　　　　　　　現住地：

　　　　　　　　　　　電話：

債務人　　　　　　　　身分證明文件字號：

　　　　　　　　　　　性別：

　　　　　　　　　　　生日：

　　　　　　　　　　　戶籍地：

　　　　　　　　　　　現住地：

　　　　　　　　　　　電話：

為請求損害賠償提起訴訟事：

一、訴之聲明

（一）被告應給付原告新臺幣（下同）　　　元。

（二）訴訟費用由被告負擔。

二、事實及理由

被告於民國　　　年　　　月　　　日　午　　　時　　　分左右，在（地點）因情形致原告受有傷害，有　　　　　　　醫院診斷書可證，刑事部分經檢察官提起公訴，並經　　　　　　法院判處罪刑確定在案（　　　年度字第　　　　　　號）。原告因治療所受身體傷害，支出醫療費　　　　　元，又原告受此不法侵害，身心均痛苦異常，請求賠償慰撫金　　　　　元，以上合計　　　　　　元，因被告拒不給付，為此狀請判決如訴之聲明，以維權益。

證物名稱及件數：

此　致

　　　地方法院　公鑒

中　華　民　國　　　　年　　　　月　　　　日

　　　　　　　　　　具狀人　　　　　　　　（簽名蓋章）

　　　　　　　　　　撰狀人　　　　　　　　（簽名蓋章）

九、竊佔罪刑事告訴狀

刑事告訴狀

案號：

股別：

告訴人：

地址：

被告：

地址：

為被告涉犯竊佔罪一案依法提出告訴

一、犯罪事實：

被告係坐落於　　　　市　　　區　　　路　　　號 1 樓房屋實際使用人，上開房屋與原告及其他共有人所有坐落於　　　市　　　區之土地相鄰。被告竟意圖為自己不法之利益，未徵得社區管理委員會及全體共有人之同意，於民國　　　年間擅自在一樓住家前社區之持分土地，搭建採光圍牆並設有門窗作為被告自己私人使用之方式竊佔原告與其他共有人所有之持分土地（證物一）。

二、被告顯已觸犯刑法第 320 條第 2 項竊佔之罪。惠請鈞署傳喚偵查提起公訴，以懲被告不法。

三、證物名稱及件數：

被告所搭建採光圍牆照片 件

　　此　致

　　　　地方法院　公鑒

中　華　民　國　　　　年　　　　月　　　　日

　　　　　　　　　　具狀人　　　　　　　（簽名蓋章）

　　　　　　　　　　撰狀人　　　　　　　（簽名蓋章）

十、車禍告駕駛及公司刑事附帶民事

刑事附帶民事訴訟起訴狀

訴訟標的金額或價額：新臺幣　　　　　　　　　元
案號：　　　　年度　　　字第　　　　號
股別：　　　股
原告：
地址：
電話：
被告（駕駛）：
地址：
被告（公司）：
法定代理人：
地址：

為請求損害賠償提起附帶民事訴訟事：

壹、訴之聲明

一、被告應連帶給付原告新臺幣（下同）元及自本起訴狀繕本送達翌日起至清償日止，按年利率百分之五計算之利息。

二、原告願供擔保，請准宣告假執行。

三、訴訟費用由被告共同負擔。

貳、事實及理由

一、緣原告於民國（下同）年月日時遭被告(公司)　　　　　之受雇人(駕駛)駕駛車號汽（機）車碰撞，而致原告身體受傷。被告（駕駛）涉及傷害罪刑責部分，業經　貴院以年字第號審理在案。

二、為此，依民法第 184 條第 1 項前段、第 2 項、第 188 條第 1 項、第 191 條之 2、第 193 條第 1 項、第 195 條第 1 項前段規定，請求被告連帶負損害賠償責任。

三、請求之範圍及金額如下：

（一）醫療費用部份：原告因傷至醫院治療，計支付醫藥費元。

（二）看護費部份：原告因傷需人看護，故支出看護費共計元。

（三）交通費部份：原告因傷不良於行，支付交通費用元。

（四）工作損失部份：

原告原任職，每日工資元，受傷期間無法工作，計損失工資收入元。

（五）精神慰撫金部份：

本件車禍對於原告造成相當之精神上痛苦，故請求賠償精神慰撫金共計元。

四、以上共計新臺幣元，狀請 鈞院鑒核賜判如訴之聲明。

參、證據

一、診斷書 1 張

二、醫藥費收據 1 張

三、薪資證明 1 張

四、車輛維修單據：1 張。

此　致

地方法院　公鑒

中　華　民　國　　　　　年　　　　　月　　　　　日

具狀人　　　　　　　　（簽名蓋章）

※ 其他民、刑事司法訴狀範例請逕至司法院網站下載參考。